買債券

增加財富變簡單

外資投資長用小說體裁，告訴你債券是怎麼一回事。

可以賺得比股票多，風險卻更少的投資工具

安柏姐 ……… 著

推薦序一
建立投資知識，本書將會是一個很好的起點

安聯投信投資長　張惟閎

　　在金融圈工作近 30 年，常有人問我要怎麼樣才能做好投資？這類問題常讓我不知如何回答。首先，投資真的不是三言兩語能夠說清楚的，如果僅僅傳達片段的知識，很可能會把這些朋友帶往錯誤的方向，甚至引導他們做出失敗的決策。這幾年債券投資大行其道，投資人常常被誤導以為配息率就是收益率，就是最明顯的例子。另外，金融圈裡的人慣用專業術語，講話往往讓普通百姓難以理解。光是債券市場裡面常提的「票面利率」和「殖利率」，就有很多人不清楚它們的差異，如果說到「存續期間」或「信用利差」，就應該有更多人要一頭霧水了吧！

　　簡單說，理財新手們還是需要先建立基本知識，並且多聽多看，才能夠更正確的理解投資信息。但是**坊間淺顯易讀的投資書籍本來就不多，而債券投資更由於它的特殊性，有趣好讀的入門指南更如鳳毛麟角**。Amber 做為一位「大腕級」的債券基金經理，她**這本書不只淺顯地介紹了債券投資理論，也帶進了實戰操盤的即視感**，而難能可貴的是，她還能夠用輕鬆的筆觸，讓我們毫不費力地跟隨主人公和她神奇的小貓「咪咪」，一步步建立起債券投資的能力。我自己花了半天讀完書本的第一部分，並跟隨著 Amber 的提示，像玩遊戲一般做了資產配置練習。我相信這本書的讀者一定也能和我一樣從中獲益良多。

　　Amber 和我是多年的好友和同事，和許多傑出的基金經理一樣，她有出色的專業能力和對投資工作的極大熱情。她同時也是一個有足夠自

信並且不畏懼據理力爭的人；但這樣的人通常很難對付，一起工作的那幾年，我們不時會在投資會議上意見向左並且針鋒相對。當然，在一個優秀的投資團隊裡面這樣的辯論並不少見，和她一起工作雖然壓力不小，卻也有非常多的樂趣。私底下，Amber 則是一個熱情而且重義氣的人，人緣極好。她同時還是一位業餘的小說作家，擁有流暢的文筆和細膩的觀察能力，這讓她成為理財書籍作者的最佳人選。

最後我想給想要做好理財的投資人幾點建議，廣泛閱讀理財書籍的確可以讓你更能分辨機會與風險，從而提高投資的勝率，但光靠閱讀還是不足以讓任何人成為理財高手。對於多數的普羅大眾而言，成功理財的起點是幫自己找一份穩定而且收入不錯的工作，這樣才有機會逐步累積投資基金。如果你是個勤於鑽研，喜歡自己下決定，同時能夠承擔市場起伏壓力的人，那你可以積極進出市場，建立實戰經驗並找出適合自己的投資方式；如果你不是那種人，或者工作顧家之餘已經沒有精力管理投資，那最簡單的方式就是選幾檔長期管理良好的基金，讓專業投資經理為你服務。無論如何，建立基本的投資知識都是必要的，而 Amber 的這本書將會是一個很好的起點。

張惟閔

推薦序二
如果我有哆啦A夢

展新投顧董事長　黃大展

　　如果我有哆啦A夢，就能乘著時光機回到過去，重新做出決定，看看是否能改變未來。每個人的純真童年看完卡通時一定都有這樣的願望，如果我有哆啦A夢，該有多好啊！

　　當真的長大，進入社會，每日為了生計努力著，那些不切實際的願望，只能留在幼時的無憂時光裡，然後陪著小孩看著哆啦A夢時，閒聊著以前有多希望可以擁有一隻哆啦A夢，這樣什麼煩惱都沒有了。

　　工作很忙，照顧小孩很忙，剩下的一點時間，也只希望能夠好好放鬆休閒，於是，關於理財投資，對於很多大眾而言，是件明知道很重要但又很難有時間去理解入手的事。煩惱太多、閒錢太少、風險太高，最後就是選擇放棄理財，最常就是在安穩存定存存了十年後，相信理專所謂比定存更好的投資工具，而一股腦的投資出去，把決定交給覺得應該比自己專業的人，而殊不知有些理專的推薦其實只是為了當季的專案推廣產品，而非真的站在投資人自身的資產配置需求。

　　在投資理財圈子近20年了，大部分的時間在從事債券投資，的確也常有感於一般投資大眾對於債券投資仍常有一些錯誤的認知，並且會與股票進行不對等的比較。在這行，我們總是要說，絕對沒有百分百的完美投資工具，在不同景氣循環，在不同總體背景下，各種資產類別都會反映其該有的報酬與風險，均衡的資產配置一直也是吾輩很想長期推

廣的觀念。雖然在每場說明會結束後，都還是會有許多投資朋友在詢問那檔基金能不能買，這檔基金要不要賣，也讓我們知道推廣資產配置仍有很長的路要走。

這本《債券其實比股票賺更多！1200 億操盤手專為初學者寫的債券買賣入門書》以深入淺出的方式，分享了複利效果、景氣循環、債券基本觀念、資產配置和剖析近年熱賣的金融商品，以債券投資為核心，可以讓讀者明瞭，其實投資債券長期而言，並不必然會有比股票差的報酬，以及如何在不同景氣循環下選擇不同的債券。最有趣的是，Amber 創造了一隻奇幻能力媲美哆啦 A 夢的寵物貓「咪咪」，帶領讀者重回 20 年前，讓讀者跟著做出投資決策，立刻可以驗證讀者是否有正確吸收書中的投資觀念，從而做出正確的決定。

認識 Amber 很久了，Amber 在債券投資這個領域歷練多年，經驗豐富。如今抱持著回饋的想法，希望將職涯遇到許多投資人有關債券的問題整理成冊，給有經驗的綜整，給無經驗的入門，都是一件美事。難得市場上有這樣一本平易近人的工具書，很榮幸有這個機會獲邀寫序，也推薦給各位讀者，邀請大家一起體驗時光旅行，並能做出正確決定，從而知道面對未知的未來，該如何平穩謹慎配置資產，以時間為友，獲得自己期待的目標報酬！

黃大展

推薦序三
這本書，讓我玩得挺開心的

UBP 瑞聯投顧總經理　潘秉純

　　與安柏姐相識已超過十個年頭，接到她邀請我寫推薦序的時候，我其實是有點錯愕和惶然的，看著她的邀請短訊，好幾分鐘不知該如何回應。首先的想法是，安柏姐怎麼這麼厲害，這幾年金融市場那麼亂那麼難做，她又要管理基金又要管理團隊的，還有家庭要顧，到底哪來的時間寫書？成功人士果然隨時精力滿滿都不需要睡覺？

　　第二個想法則是怎麼會想到找我？我既非知名人士，也沒在經營社交平台，自認文青的靈魂也早在工作與小孩的磨損裡斑駁脫落，前幾年開始甚至還有些閱讀障礙，看文章已經沒耐心逐字品讀，只想有效率的段落理解。這樣的我，到底是怎麼被聯想到適合、甚至是有資格寫推薦序呢？

　　怕已讀不回很沒禮貌，我默默想了好一會兒才點開她的短訊，提出了我的疑惑。安柏姐告訴我，她用說故事的方法寫了一本關於債券的書，因為我一直以來都在以主推債券基金的基金公司工作，對債券應該有一定程度的認識與了解，她覺得我很適合。我不確定我適不適合寫推薦序，卻好像明白了她為什麼會在百忙之中還願意花時間去寫一本書，因為這是她熱情。每一個在自己領域中表現傑出的人，都一定具備相當程度的熱情，熱情會讓人發光發亮，熱情會讓人想要分享，讓更多人都能體會明白。

我很好奇她要如何用說故事的方法寫一本有關債券的書，所以儘管最近日子有些焦頭爛額，為了可以搶先拜讀，我還是請她把稿子寄給了我。我個人一直認為債券比股票複雜許多，影響債券價格變動的因素與相互關係太多，對一般人來說根本在考驗邏輯思考能力。

　　我非本科專業出身，邏輯力也普普，當年入行真的費了一番功夫理解，在我看來坊間的金融知識書籍大致歸類為兩種，工具書與教科書。工具書厚厚一本密密麻麻鉅細靡遺，供專業人士有需要時翻閱查詢，教科書還是厚厚一本但分門別類深入淺出，供勤奮向學人士研究拜讀。對一般人而言，只要看到是厚厚一本應該就望而卻步了吧，就算有了搬回家的衝動，也不見得有持續研讀的毅力。但偏偏投資理財在台灣幾乎已成必備能力，偏低的薪資環境與不完善退休機制，若不善用投資工具為自己累積財富，未來老年退休後生活恐將堪虞。於是教導投資的書琳瑯滿目，若真要深入了解其中某項投資工具，就又回到了工具書與教科書的兩難選擇。

　　把一個冷冰冰的投資工具，闡述成一個有溫度的故事，吸引更多人閱讀，進而可以讓更多人了解明白，這個概念很吸引我，而實際收到書後閱讀，安柏姐也果真沒有辜負我的期待。既然是故事當然會有個主角，既然是講投資相關的故事，也當然一定有一段悲慘的投資失敗經歷；不同的是，拯救主角脫離錯誤投資經驗的並非什麼專業人士，而是一隻貓。一隻突然開口說話的寵物貓，讓整個故事有了童趣和靈魂，像是引領愛麗絲掉進兔子洞裡的那隻兔子，一開場就吸引的讀者的注意力，自然也就想知道接下來到底會發生什麼了。

　　有趣的開場等於成功了一半，接下來就是考驗敘事的功力。如何能讓非具專業投資背景的一般大眾，了解投資的重要，並明白投資債券的

好處，如何讓債券的專業術語與讀者產生連結，變成有意義的語言，進而可以理解應用。就如同大眾文學應該淺顯易懂，投資理財亦是，畢竟是與我們生活息息相關的事。雖說專業的事應該交給專業的人員打理，但至少要知道自己的錢投資了什麼，獲利來源是哪些，又可能會面臨什麼風險與損失。

儘管安柏姐是專業投資出身，卻極具市場行銷天分，**簡單扼要把債券投資所需具備的專業知識，歸納整理完畢，然後起承轉合地串進故事裡，讓人自然而然跟著故事的節奏，循序漸進了解債券這項商品，充分展現了引導式教學的巧妙。**

如果說開口說話的貓是故事開場的驚喜，那麼接下來的時光摩托車就是驚喜的加碼，將故事帶入了最大重點：投資結果。投資的目的是獲利，所以重點當然是績效，然而未來不可知，大家檢視討論的都只能是過去。安柏姐藉著時光機將時光倒轉，把過去 20 年的績效做出清晰的圖表整理，儘管我自己是金融市場的從業人員，乍看統整的數字時還是很有衝擊的。數字比文字更直接更有力，幾張表就直接告訴大家，為什麼該投資，又為什麼該投資債券了。

安柏姐做了一個很好的嘗試，她將複雜的專業簡單說，說的很有趣，讓更多人有機會可以正確了解金融商品，選擇更適合自己的投資工具。如果你是一個過去有在投資但經驗總是不佳，或是正打算學習理財者，這本書真的是一個很好的開始，最後一個單元的投資模組模擬，我還玩得挺開心的唷！

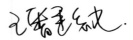

推薦序四
這是一本顛覆你過往的債券投資認知與經驗的故事書

DWS 德銀遠東投信投資長　潘秀慧

　　世上沒有後悔藥，如果一切可以重來，你有把握能成為億萬富翁嗎？再具體一點，如果有機會讓你直接回到 20 年前，做投資選擇，你會選擇定存？債券？飆股？還是會選擇學習投資相關知識與技能，將釣魚技巧學會了，再去釣魚？

　　大家應該有聽過，很多中樂透大獎的人，在很短的時間又回到以前的生活，或甚至更差。為什麼？因為「人性」！如果重來一次，在投資市場中你能不追高殺低嗎？並且不貪心嗎？唯有恪守投資紀律，加上正確的投資觀念才有機會用投資累積財富。

　　筆者與安柏姐相識近 20 年，我們是一同經歷了許多市場波動與挑戰的老戰友，筆者很榮幸能有這機會為安柏姐寫序。因為在這動盪的金融市場中，為追求穩健報酬，台灣投資人投資債券類型商品已經超過50％，然而真正懂債券的投資人卻不多，同時也鮮少有書不以教課書的方式帶領讀者真正了解債券。安柏姐以她自身超過 20 年的債市投資經驗，以深入淺出的方式帶領讀者輕輕鬆鬆了解債券投資。

　　市面上的債券投資書籍多數偏向冷硬，對多數讀者而言難以消化。**在本書中，安柏姐利用軟性說故事的方式，加上實做練習，創造出另類的債券投資工具書。**安柏姐利用故事中的主人翁的遭遇，將一般投資人可能遇到的投資心態反映其中，**以自省的方式帶給讀者正確的「投資重**

設系統」，將自己變身為書中主人翁回到 20 年前，在這套投資重設系統選擇單一投資標的並持有 20 年。讀者可以發現債券的報酬率不見得會跑輸股票，長期持有債券，有很高的機會獲取比股票還高的報酬。若是讀者感到懷疑，可以在書中獲得實際數字的印證。

最後一部分，安柏姐更是傾囊相授她最擅長的資產配置，將她 20 多年來親身歷經的各種國際經濟背景，用引導式教學的方式，引導讀者在不同的時間點、不同的國際社會及經濟情勢，做出投資決定的判斷，希望能帶領讀者在這瞬息萬變的金融市場中做出最合適的投資決定。

從 2020 年開始，隨著中美貿易戰、美國大選以及全球流行的冠狀病毒的爆發，市場一直處於動盪之中，在這種不確定的情況下，相信本書將帶給讀者莫大的安定感。

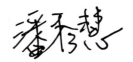

增訂版序
投資從來不是容易事，但可以變得簡單

相對於金融業，文化出版事業真的是佛心產業。

若是以獲利角度出發，寫書，真的不是一件划算的投資。但是當總編輯方大哥問我是否想做增訂版時，安柏姐幾乎是馬上答應。因為這本書初版付梓後，得到一些寶貴的反饋，我覺得可以讓這本書再更豐富、更實用些，讓買這本書的人獲得更大的學習效益。

由於寫書的初衷是用輕鬆的方式，讓投資小白對債券投資產生興趣，所以增訂版仍然保留故事形態以及遊戲架構。不過，考量有讀者反映第二人稱不符合多數人閱讀習慣，因此將第二人稱改為第三人稱。增訂版的主角取名「詹姆士」，希望大家學會債券相關知識後，投資能像 James Bond 一樣的瀟灑自在、風流倜儻，在充足知識的支持下，達到自我設定的理財目標。

為了強化讀者的印象，Part 1 的每一課，以及 Part 2 與 Part 3，增加了「咪咪老師的隨堂考」，藉由相關題目，幫助讀者複習相關知識；而 Part 2 及 Part 3 僅做文字微調，並在本書附錄提供截至 2023 年 3 月底債券指數相關資訊。此外，鑑於歷史總會以類似的型態再度出現，投資時是否能夠從中學習教訓，降低再次犯錯的機率，是重要的覺知及練習。因此，安柏姐在 Part 3，增加了「安柏姐的叮嚀」，由 2023 年第一季發生的 SVB 及瑞士信貸危機事件，讓讀者了解，在永遠充滿不確定的金融市場中，建立自己的投資邏輯及判斷方式，是很重要的投資態度；也不要有快速輕鬆致富的想法，或尋求懶人投資術。

最後，債券殖利率曲線的變動，通常隱含經濟與市場未來變動的方向。在寫前一版本時，安柏姐希望用講故事、玩遊戲的方式，讓讀者對債券開始產生興趣，所以提到的都是債券基本觀念，並沒有提及較為複雜的殖利率曲線。不過，若是讀者能夠進一步了解債券殖利率曲線，不論對於債券、股票，或是資產配置調整，都會是一項不錯的投資判斷工具。因此，安柏姐藉著出版增訂版的機會，將這部分加入書中。

　　投資本來就不是容易的事情，但若有足夠的知識做為後盾，並且發展屬於自己的投資邏輯與策略，同時養成良好的投資紀律，那麼，它就可以變得簡單。希望修改後的增訂版，能夠更接地氣、更實用，幫助更多人了解「債券」，協助讀者在個人投資理財上更為順心順利。

自序
債券的好，你知道嗎？
一種有機會賺得比股票多，風險卻少很多的投資工具

「妳現在從事什麼工作？基金操盤？哇！那妳可以跟我說現在買哪支股票會漲嗎？……」

在幾年前，在初次碰面的場合，只要對方的本業和安柏姐不同，在聊到彼此的職業時，總是會出現以上對話。但可惜的是，安柏姐投資的是債券，而不是股票。因此，每當我試著委婉地告訴他們，我的本業是什麼，接下來的回應可能是：「蛤？債券？那是什麼？」或是語帶輕慢地說：「債券哦？債券賺得了什麼錢？」或是得意洋洋地跟我分享：「我知道債券啦！我跟妳說，理專介紹我買的債券基金年配息率Ｘ％哦！比定存高很多耶！話說回來，妳負責的債券基金配息率有多少？」

當對方知道安柏姐操作的是總報酬基金，並沒有配息，表情通常會變得訕訕地：「不配息，那投資人為什麼要投資妳的基金？」

這種態度由一開始熱情無比，轉為冷淡不屑的情況，屢見不鮮，安柏姐也漸漸習慣，學會一笑置之。

認為債券賺不了什麼錢的人，可能不知道，在過去幾十年的歷史中，債券賺得並不比股票少。例如：近幾年美股是許多投資人追捧的投資標的，但是在過去 20 年中，有一半的時間，美國高收益債券指數的年度報酬表現優於美國 S&P500。在 1999 至 2018 年的 20 年間，美國高收益債券指數的累積報酬表現為 247.07 %，優於 S&P500 的 198.45 %。這樣的例子不勝枚舉，債券的獲利潛力並不輸股票啊。

另外，債券還有一個好處是許多投資人沒留意到的，那就是回本的能力。許多人投資股票，看中的是股票上漲的動能，卻可能忽視它的下檔風險，然而，債券投資比較沒有這方面的顧慮。根據統計資料顯示，若遇到全球金融市場的大幅回檔，例如 2008 年金融海嘯，各類型的債券指數，最慢大約 2 年就可以漲回到之前的高點；但股票指數，快則需要 3 年，慢則需要 10 年才能漲回到之前的高點。也就是說，如果你很不幸地在股市高點進場，隨後遇到大修正，你可能會被套牢 3 年以上才能夠回本。

　　債券，就是一種賺得不比股票少，風險卻少很多的投資工具。忽略它，對投資人而言是一項損失。

　　所幸過去幾年，在金融市場多元化發展及資產管理業在台灣深耕的影響下，投資人對於債券基金的接受度愈來愈高。根據中華民國投信投顧公會統計資料顯示，截至 2019 年 12 月底 *，國內投信發行的境內基金（包含一般共同基金與 ETF）總資產規模為新台幣 4 兆 45 億元，其中約有 2 兆元，也就是約 50％為債券類型商品，而股票類型大約只有新台幣 7 千多億元；同一時間，國人投資境外基金的總金額為新台幣 3.65 兆元，其中，債券類型約為 1.9 兆元，占比也超過 50％。

　　然而，多數投資人對於債券的知識是十分薄弱的。安柏姐曾經多次被滿手債券基金的投資人詢問：什麼是投資等級債券？什麼是高收益債券？也曾被詢問過：利率上升，利息收入應該增加，為什麼債券基金的

---

* 截至 2023 年 3 月底，國內投信發行的境內基金（包含一般共同基金與 ETF）的總資產規模為新台幣 5 兆 34 億元，其中約有 2.7 兆元，也就是約 50％為債券類型商品。同一時間，國人投資境外基金的總金額為新台幣 3.58 兆元，其中，固定收益加計貨幣類型約為 1.4 兆元，占比約 50％。

淨值反而是跌的？更有人問過：股票下跌，為什麼債券也跟著跌？

　　這些問題很基本，但是很多債券投資人還是不了解。不可諱言，債券對許多人而言，有太多的數學公式，觀念並不是那麼容易建立。考量到市面上債券相關書籍，多數偏向冷硬，安柏姐嘗試用另一種軟性方式來編寫，同時也加入一些總體經濟、股票以及資產配置的簡單概念，希望帶給債券投資入門的朋友一些學習上的樂趣。如果因為這本書讓投資朋友願意再花時間進一步研究債券投資，減少投資錯誤，安柏姐就是做了一件回饋社會的好事。這樣的寫作方式不容易，但我相信是正確的。

　　投資的世界廣闊無邊，雖然安柏姐在投資市場有超過 20 年的經歷，在撰寫過程中，難免有疏漏或不精確之處，也懇請投資先進能予以指教與指正。

　　《哈利波特》書中，鄧布利多校長曾對哈利波特說過：「在這世上，我們面對的大多數選擇，並不是正確，或是錯誤的；我們真正面臨的選擇是：正確，或是容易的。」

　　站在每一個岔路口上，我們都在選擇。當你決定學習債券時，你已經在正確的道路上。

前言
對於債券，你知道多少？

市面上債券商品琳瑯滿目，高收益債券基金和新興市場債券基金已經是投資人耳熟能詳的投資商品。但是，許多人對債券商品仍然一知半解。2019 年紐約美隆（BNY Mellon）投資管理公司從美國全國性債券投資調查得到的結果令人驚訝，只有 8％的美國人能正確回答債券是什麼，顯示許多美國人，對於各種債券和如何投資，沒有足夠的知識。

幾年前，駿利亨得森資產管理公司，也曾經在台灣做過類似的調查。調查結果顯示，多數的台灣投資人青睞債券的主因是債券的風險低，買了債券基金不會賠錢，但事實並非如此。債券因類型差異，也有不同的風險。一般相信政府公債的違約風險最低，事實上，還是要看是哪一個國家發行的公債而定，例如，有些新興國家的政府公債違約率高於歐美企業債券的違約率。其次，高收益債、部分新興市場債，由於公司及國家本身的信用評等比較低，風險較高，願意給投資人的配息率也較高，波動度有時和股票差不多，可能與投資人想像的「風險低」，有一定程度的差距。

在這份調查中，有高達六成的投資人自認很懂債券，但是在問券中，進一步測試受訪者對各類債券基金的相關知識時，台灣的投資人的債券知識水準卻遠低於他們自認了解的程度。

在這份調查中也顯示，許多投資人認為投資新興市場債券可以享受較高的報酬率，風險卻和美國政府公債相同，這樣的認知程度，不免讓人為已進場的債券投資人捏把冷汗。

讀者想確認自己對債券了解的程度嗎？ 請各位試著用自己的話回

答以下問題：

- 什麼是債券？有哪些分類？

- 殖利率與價格的關係為何？

- 債券的風險有那些？

- 各類型債券主要的風險是什麼？

- 貨幣政策對債券的影響為何？

如果，你無法回答以上所有問題，或是對於答案沒有把握，代表你對債券的了解有限，請從第一篇開始讀起，相信在閱讀完整本書後，你可以很輕易地回答它們。

如果，你可以輕鬆地回答以上的問題，你可以再試試以下的 Case Study：

Sandy 手中有一筆 10,000,000 的美元定存到期。Sandy 的好朋友 Byron 告訴她，定存不是最有效的投資方式，建議她可以考慮做其他的投資。Sandy 看著 Bryon 的投資成果，覺得很有道理，但她自知是個保守的投資人，因此只想投資債券。你是一位債券投資專家，Sandy 前來請教你。

已知：目前美國的經濟狀況非常好，實質經濟成長率近幾年大約在 2％左右，美國 S&P500 指數也接近歷史高點。其他的經濟數據為：失業率自近幾年的高點持續下滑，目前為 7.8％；ISM 製造業指數雖然仍低於 50，但自近期低點上揚；聯邦基金利率（Federal funds rate）：一直維持在 0 ％；目前消費者物價指數（CPI）年增率 1.7％。不過因為

經濟前景良好，油價持續維持在 80 美元以上，也使得通膨壓力開始顯現，市場猜測聯準會可能會有貨幣政策上的變動。美國 2 年期、5 年期、10 年期債券殖利率分別為 0.2507％、 0.7245％、 1.7591％，高收益債券違約率預估不會上揚。目前投資等級債券殖利率為 2.71％，高收益債券殖利率為 6.13％。

請問：若 Sandy 投資的習慣是每年檢視一次投資狀況，亦即投資一年，你會建議 Sandy 怎麼運用到期的 10,000,000 美元定存在債券投資的配置上呢？

⋯⋯⋯⋯⋯⋯⋯⋯⋯⋯⋯⋯⋯⋯⋯⋯⋯⋯⋯⋯⋯⋯⋯⋯⋯⋯⋯⋯⋯⋯⋯⋯⋯⋯

　　你看得出這個 Case Study 的歷史背景是什麼時候嗎？你可以輕鬆地做出判斷，並且給予 Sandy 投資建議嗎？若是「No」，也建議你從頭閱讀本書，相信你會有不同的收穫。

　　如果你的答案是「Yes」，恭喜你，你不需要花時間閱讀這本書，不過可以推薦本書給你的債券小白朋友，這會一個很棒的敲門磚。

目　錄
CONTENTS

Part 1　投資八堂課重新學對投資心法！

Part 2　回到 20 年前，你會怎麼做？

目　錄
CONTENTS

Part 1

投資八堂課
重新學對投資心法！

故事的開始

　　清晨的陽光斜斜地從窗外照射進詹姆士的房間，這是一個風和日麗的好天氣。床頭的鬧鐘響了，詹姆士伸手將鬧鈴關掉後，卻不像過往一樣精神抖擻地起床準備上班去。他捲著棉被、賴在床上，完全不想動。

　　在鬧鐘響起前，詹姆士就醒了。不，其實他是一夜未眠。

　　「這麼努力有什麼用呢？到頭來還是一場空。」昨天一整晚，詹姆士腦中不斷地反覆這句話。

　　經過幾年戰戰兢兢努力工作，他好不容易還清了房屋貸款，手邊還有 200 萬放在銀行定存。詹姆士認為自己真的很不賴，畢竟，他沒有富爸爸可以依靠，也沒有出眾的外貌，更沒有顯赫的學歷。正當詹姆士覺得自己是好棒棒的單身貴族時，老同學 Mandy 在同學會中分享她在股市的斬獲，讓詹姆士瞬間覺得自己由新貴變小貧，在她面前矮了一截。

　　Mandy 在短短半年內，靠著投資股票將手中資產增加了幾百萬，詹姆士感到十分羨慕；又聽到老同學們討論，在目前什麼都漲、唯有薪水不漲的年代，只有投資股票才是致富之道，他才知道自己是少數呆呆地領著死薪水、沒有投資股票的人。聽著同學們討論的內容，又看到他們成功的例子，詹姆士覺得自己的能力並不比他們差，如果別人可以靠股票賺錢，那麼他也可以，於是一頭熱地加入投票投資的行列。

　　沒想到出師不利，詹姆士一進場投資就碰到全球股票市場大修正，台灣股市也無法倖免，短短幾天內，手中股票市值縮水一半。昨天那一根跌停板，讓他猶豫是否要繼續跟它賭下去？

　　對於股票術語，詹姆士現在是琅琅上口，股票市場的動態也掌握得不錯，感覺跟縱橫股海的老手沒有兩樣。但他非常清楚自己並沒有

100％了解自己投資的公司，所謂研究，充其量只是使用技術分析和追蹤一些消息報導。

「早知道就繼續乖乖做定存就好，學人家玩什麼股票？」詹姆士內心悔恨地想著。

不過，日子還是要過，詹姆士嘆了口氣，準備起床上班，卻看到他的寵物咪咪，正慢條斯理地朝他走來，跳上床，喵了一聲，在他懷裡蹭了蹭。

他摸摸了咪咪的頭：「乖乖，等一下再餵你吃東西。」撫摸著牠潔白柔順的毛，詹姆士原本煩燥的心情平復了許多。這時，咪咪突然開口了：「你後悔嗎？」

詹姆士嚇了一跳，快速抽離原本撫摸咪咪的手，忍住將咪咪甩開的衝動，瞪大眼睛看著牠。

「因為我整夜沒睡，所以才產生幻聽？」詹姆士有些害怕地看著咪咪，心想現在離農曆七月還有一段時間，怎麼會遇到這種奇異的現象。

咪咪盯著詹姆士，他覺得牠好像在笑，這情況實在是太詭異了。

「你沒有幻聽，我是在跟你說話。」咪咪傲慢地喵了一聲，前爪「啪」地打在詹姆士的左頰上：「世間事情無奇不有，你不知道的事情，不代表不存在。」

「你真的會說話？」詹姆士不敢相信自己遇到的情況，他感到有點毛毛的。

詹姆士張大眼睛看著這隻去年冬天從街上撿回來的小白貓，那時牠又瘦又髒，他很怕牠撐不下去，花了大錢把牠送到動物醫院醫治，好不容易保住牠的一條貓命。一年過去了，咪咪被詹姆士養得又白又可愛，

個性雖然有些傲嬌，但是平常看起來就是一隻愛撒嬌的小雪球，並沒有什麼特別。詹姆士不敢相信牠竟然會開口說話，還知道他的心情，他懷疑自己該不會是因為股票投資失利而瘋了吧。

「哎！親愛的主人，你沒有瘋。」咪咪抬頭看著詹姆士，藍藍的眼睛有種安定人心的魔力：「因為你的善心收養，讓剛出生的我沒有凍死在街頭，所以我決定用自己的超能力帶你回到從前。雖然我們貓族是有超能力的，但也不是無限制的，我只能讓你回到 20 年前的某一天，讓你重新做一次選擇。」

「回到 20 年前重新選擇？選擇什麼？」詹姆士覺得這一切太不可思議了，聽起來就像貓的報恩。

「回到過去，重新做你的投資決定啊！」

「這麼好？」詹姆士直覺認為可以去網路查查那些股票在過去 20 年最賺錢，他決定投資那些股票就好。

「雖然你可以選擇直接回到 20 年前，但是在投資知識方面，你只有幼幼班的程度，為了確保未來你不再胡亂投資，你的選項只有新台幣定期存款或是美元定期存款。不過，如果你願意的話，你可以選擇先花時間學習一些股票和債券的投資觀念後，再回到 20 年前去做投資選擇。」似乎是看清詹姆士的意圖，咪咪的這些話，無疑是澆了他一桶冷水。

「直接讓我回到 20 年前，買台積電或是鴻海的股票就好啦！這樣我絕對可以賺大錢。」詹姆士覺得咪咪的提議是多此一舉，而且浪費時間。

「你能確保這麼做，對你未來的投資會有幫助？你絕對不會再重蹈覆轍嗎？你應該有聽過，很多中樂透大獎的人，在很短的時間內又回到以前貧窮的生活，甚至更差。」咪咪邊說邊舐著整理自己一身白毛。

詹姆士的確有聽過這樣的例子，但他覺得自己比那些人聰明，應該不會這麼愚笨才是。不過，他知道貓咪舔自己的毛，可能代表心情不佳，或許咪咪覺得他太過貪心，但詹姆士自認並不是個貪得無厭的人。無論如何，這個機會對他而言，和中樂透沒有兩樣，所以他欣然接受咪咪的報恩。

　　「你的話有道理。」詹姆士說，不過他的心裡還是有些疑惑：「我可以理解我需要學習股票投資，畢竟學好股票投資可以快速累積財富。不過，為什麼需要學習債券的投資觀念？債券賺得了什麼錢？」

　　在詹姆士的認知裡，債券投資是食之無味、棄之可惜的東西。是上了年紀的人才需要的投資工具。

　　「你會有這種想法，就證明你的確需要學習債券投資。你一定不知道，有些情境下，債券的投資報酬率是可以比股票高的。」

　　「真的？」那麼神奇，詹姆士覺得不可思議：「台股一天漲停板10％，美股更是沒有漲幅限制，債券要投資多久才能拚馬趕上啊？我很懷疑耶！」

　　「相信我！親愛的主人，我會讓你發現債券投資的魅力。現在可以告訴我，你的選擇了嗎？」

請問，如果你是詹姆士，你的選擇是什麼？

❶ 直接回到 20 年前，做投資選擇
　　----- 選擇新台幣一年期定期存款，請到第 155 頁；
　　　　　選擇投資美元一年期定存，請到第 157 頁。

❷ 先了解一下關於定存／股票／債券的基本知識，再回到 20 年前。
　　---- 到第 27 頁。

一切重新來過

「我選擇先上課，」關於投資，尤其是債券投資，詹姆士知道自己懂的並不多：「你說的很有道理，反正每天下班閒著也是閒著，多學一點總不吃虧。」他決定做些功課來充實自己。

「啪」的一聲，咪咪變身為貓博士，戴上眼鏡的咪咪看起來非常有架式：「好的，你終於覺悟到投資並不是一件容易的事情。我們會花一些時間學習投資的基本常識，但同時，你也需要額外再花時間複習、思考及練習，等你準備好了，我便會啟動魔法機制。」

詹姆士聽完咪咪的要求，頓時覺得無力：「有需要這麼麻煩嗎？」原來不是只有上上課而已，看來未來有一段時間，他會十分地忙碌。

「當然。」 咪咪老師白了他一眼：「錢不是長在樹上的，你要錢幫你賺錢，也需要一些本事。不要忘記你投資股票慘賠的教訓。」

詹姆士被這隻傲驕的白貓嗆得無言，想到虧損的那一百多萬，想把錢賺回來的動力，讓他覺得花些時間上課也是挺不賴的。

「請問可以明天再開始上課嗎？」一夜未眠，詹姆士不覺得自己晚上有充足的體力上課：「我今晚需要好好睡一覺。」

「沒有問題，我們從明天晚上 8：00 開始。」 咪咪看一下牆上的時鐘，時針已經指向「7」，它提醒他：「主人，你該準備上班囉！喵～」

咪咪在瞬秒間變成可愛小白毛球，連眼神都顯得單純無辜。

喵星人果然善變啊！

投資的第一課
時間觀念很重要，複利的效果

「你遲到 5 分鐘！」晚上 8 點一到，咪咪馬上由撒嬌可愛狀，變成表情嚴肅的咪咪老師。看著咪咪冷漠的表情，詹姆士到嘴邊的遲到藉口完全吐不出來，只得乖乖地說：「對不起。」

咪咪老師看了一眼客廳牆上的時鐘：「這麼沒有時間觀念，這個壞習慣要改掉。同時，我要順便提醒你，對投資而言，有時間觀念是非常重要的。」

「投資也需要時間觀念？」詹姆士第一次聽到這種說法，覺得很新奇：「因為要尋找好的進場時間點嗎？」

「不是的，這兒提到的時間觀念，指的是投資的累積效果。」跳上茶几，咪咪用教學棒在客廳空白牆面上輕輕一點，出現了一個問題：

> 如果，你做一項投資，這個投資的年化報酬率是 5%，你投資 10,000 元，請問 20 年後，你的報酬率是多少？

「你的答案是什麼？」咪咪問道。

「這還不簡單，一年 5％，20 年就是 100％啦！」詹姆士覺得咪咪問這種小學生程度的問題，真是汙辱他的智商。

咪咪神秘一笑：「你確定？」然後再用教學棒輕輕地點了一下，出現以下圖形：

年化報酬率為 5% 的 20 年複利效果

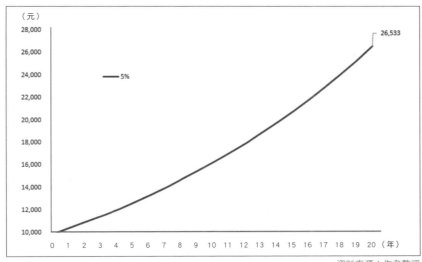

資料來源：作者整理

「如果，你投資 10,000 元在某個金融商品上，它的年化報酬率是 5%。如果你夠有恆心與耐心，不把利息領出來花，而是繼續投入這項投資，20 年後，10,000 元就會變成 26,533 元，累積的報酬率是 165.33% >100%（5% ×20 年）。」咪咪老師說。

「哇！ 真是驚人，如果我不把利息花掉，繼續投資，利上加利，20 年後可以多出 65.33% 的報酬率？」詹姆士覺得這差距太驚人了。

「是的，」咪咪推推眼鏡：「這個差距就是複利的效果。」

咪咪再點一下手中的教學棒，顯示另一張圖表：「如果這項投資的年化報酬率是 6%，一般人的感覺是只差 1%，但是 10 年後，累積報酬率就會變成 62.89% vs. 78.08% 的差距。投資時間愈久，這個差距就會愈大，20 年後，就變成 165.33% vs. 220.71%。所以，不要小看這 1% 的差距。」

29

長期而言，複利效果會放大累積報酬率的差距

（元）

35,000

32,071

30,000

―― 5%
―― 6%

26,533

25,000

20,000

15,000

$ 10,000

年 0 1 2 3 4 5 6 7 8 9 10 11 12 13 14 15 16 17 18 19 20 （年）

資料來源：作者整理

「我想起小時候讀的『一粒米的故事』，講的是倍數的觀念。」詹姆士恍然大悟：「原來在投資上也是相同的道理。所以我只要找出過去平均報酬率高的投資標的來做長期投資，就可以高枕無憂了。」

「理論上可以這麼說。不過，這只是完美的假設。在投資實務上，如果這麼天真地看過去的報酬率來做投資決定，可能存在一些盲點，也可能招致風險。」

「那是什麼？」現在詹姆士只要聽到「風險」兩個字，就感到神經緊張。

咪咪再揮動一下教學棒，牆上出現一張表格：

A 投資、B 投資的單年度報酬率與平均報酬率

	第 1 年	第 2 年	第 3 年	第 4 年	第 5 年	平均
A 投資	12.0%	-18.0%	24.0%	-30.0%	42.0%	6.0%
B 投資	5.0%	6.0%	4.0%	7.0%	3.0%	5.0%

資料來源：作者整理

「A投資和B投資，你會選擇哪一個？你覺得哪一個投資的5年累積報酬率會比較好？」咪咪問道。

「選A！」詹姆士說，他覺得答案顯而易見。

「為什麼？」咪咪再問道。

「因為它的平均報酬率比較高！」對於咪咪的追問，他感到納悶：「難不成要選擇報酬率低的？」

「答案往往出人意料之外，」咪咪的眼鏡鏡片閃出亮光：「這題答案應該要選B投資。」

「怎麼可能？A投資的平均報酬率明明是6％，比B投資的5％來得高。為什麼反而累積的報酬率會比較低？」詹姆士大呼不可思議。

「這是大部分的人會有的迷思，以為將每一年的報酬率加起來平均，就是過去一段時間的平均報酬率，也就是算數平均數的迷思。」咪咪再次揮動教學棒：「我們用實際的數字來計算，就可以清楚地看出盲點在哪裡。」牆上出現以下數字圖表：

A投資、B投資的年度及累積報酬率

	第1年	第2年	第3年	第4年	第5年	累積報酬率
A 投資	12％	-18％	24％	-30％	42％	13.2%
累積報酬	11,200	9,184	11,388	7,972	11,320	
B 投資	5％	6％	4％	7％	3％	27.6%
累積報酬	10,500	11,130	11,575	12,385	12,757	

資料來源：作者整理

「假設我期初投資 10,000 元在 A 投資，第一年報酬率是 12％，累計資產是 11,200 元，那麼第二年的期初投資金額就是 11,200 元，但當年度是虧損 18％，所以到第二年年底，累積資產是 9,184 元；第三年雖然賺 24％，但實際計算式為：$9,184 ×（1+24％），累積資產是 11,388.16 元；以此類推，到第五年年底，累積資產是 11,320 元。但是 B 投資 5 年的累積資產卻是 12,757 元，數字反而比較高。所以要選擇 B 投資。」咪咪詳細解說每一項投資的年度及累積報酬率的變化：「其實，你只要想，如果你有 100 元，賠了 50％，你只剩下 50 元；若要漲回到 100 元，要上漲一倍，而不是上漲 50％。」

　　詹姆士拿出計算機拚命按，經過實際運算，他發現其中的盲點在於「平均」兩個字：「那麼，應該要怎樣計算，才能夠得到合理的平均報酬率？」詹姆士提出心中的疑問。

　　「這是個好問題。有兩種方式：」咪咪用教學棒點了點牆壁上的第五年累積報酬的欄位：「期末的累積報酬率除以期初投資的本金，然後再算年化報酬率。A 投資的年化報酬率是 （11,320 ／ 10,000）＾（1 ／ 5）-1 ＝ 2.51％。如果你知道的是累積報酬率，就套用這個公式：（1+報酬率）＾（1 ／ n）-1；也就是（（1+13.2％）＾（1 ／ 5））-1 ＝ 2.51％。這是方式一。」

$$年化報酬率 = \left(\frac{期末投資總淨值}{期初本金} \right)^{\frac{1}{n}} - 1$$

　　「如果只知道每年的報酬率，則可以用幾何平均數的算法來計算。算法是（1+ 第 1 年報酬率）×（1+ 第 2 年報酬率）×（1+ 第 3 年報

酬率）×……（1+ 第 n 年報酬率），這樣可以得到累積報酬率，然後再換算成年化報酬率。 」咪咪說：「你可以利率 excel 來運算，會比較有效率。 」

詹姆士打開筆記型電腦，依照咪咪指示計算（1+12％）×（1-18％）×（1+24％）×（1-30％）×（1+42％），果然得到 113.2％，再做年化報酬率計算，也得到 2.51％。

看到詹姆士即知即行的學習態度，咪咪感到很滿意。「在投資上，這類似是而非的例子並不少見，許多人沒有進一步深究而落入迷思。今天的課就上到這，記得整理筆記並且複習哦。喵～」

牆上的時鐘指向 9 點，咪咪又變回那愛撒嬌的模樣。

安柏姐的碎碎唸

🐾 一粒米的故事

很久很久以前，有位勇士救了國王的女兒，國王承諾給他一份獎勵：「你可以提出一個願望，我會滿足你。」

這位勇士對國王說：「民以食為天，請你賜給我米吧！不過請你分批給我。第一天給我一粒米、第 2 天給我 2 粒米、第 3 天給我 4 粒米、第 4 天給我 8 粒米、第 5 天給我 16 粒米……，以此類推連續給我 2 個月。」

國王聽了，覺得這個賞賜太少了：「這樣會不會太虧待你了？你確定要這個賞賜？」勇士很謙虛地說：「謝謝國王你的仁慈，若你能滿足我這個要求，我就心滿意足了。」看見勇士態度很堅定，國王也就允諾了他的要求，並且交辦財務大臣處理這件事情。

然而，財務大臣在計算後，發現大事不妙，趕緊向國王呈報。國王在聽到財務大臣的計算結果後，冷汗直流，連忙召見勇士進宮……。

原來，勇士要求的米的總數是天量。經過財務大臣計算，未來 60 天國王必須給勇士總共 1,152,921,504,606,850,000 粒米。

這個數字是怎樣的概念呢？

一碗飯大約有 4,000 ～ 5,000 粒米，假設每人每天吃三頓飯，每天每人吃掉 20,000 粒米，全球人口約有 77 億，一年大概吃了 56,210,000,000,000,000 粒，而 1,152,921,504,606,850,000 粒米，足以讓 77 億人口吃 20.5 年。

【咪咪老師的隨堂考】

1、如果你做一項投資，這個投資的年化報酬率是 5%，你投資 10,000 元，
　 請問 20 年後，你的報酬率是多少？

2、請問年化報酬率 5%的投資與年化報酬率 6%的投資，在 20 年後，兩
　 者的累積報酬差距為多少？

3、A 投資的 5 年平均報酬率為 6%，B 投資的 5 年平均報酬率為 5%，請
　 問 A 投資的 5 年累積報酬率一定比 B 投資高嗎？為什麼？

（解答請見附錄）

投資的第二課
哇～有怪獸！有怪獸！
別讓通貨膨脹吃掉你的購買力

今天下班比較晚，為了能夠趕在 8：00 前回到家上課，詹姆士匆匆地到麥當當買了漢堡套餐，才發現麥當當又漲價了。

「實在是太誇張了，又漲價了。真的是什麼都漲，就是薪水不漲。」回到家裡，詹姆士邊啃漢堡邊跟咪咪抱怨：「錢愈來愈不夠用……。不好意思，我今天下班晚了，邊吃邊上課，你不介意吧？」

「不會。」咪咪搖搖頭：「只是晚餐吃這麼高熱量的食物，小心發胖。」

「偶爾為之，沒關係啦。」詹姆士喝了口冰涼的可樂，感覺太順暢了。

「不過，話說回來，你們公司算是好了，我記得你曾經說過，平均每年薪資都會意思意思地調個 1％~2％。」咪咪說道。

「沒有用啊，新聞報導麥當當這波漲幅 4％~6％耶，還有油價也上漲，小 7 咖啡不賣小杯了，沒小杯只能買中杯，也是變相漲價，薪水漲 1％~2％根本不夠用。」詹姆士嘆口氣，心裡慶幸自己有一對好父母，幫他支付了公寓頭期款與裝潢費用，讓他早早脫離房貸族，也沒有要求太高的孝親費，不然若加上房租支出或是房貸，詹姆士可能會入不敷出。

「既然你提到了麥當當漲價，我們今天就來聊物價上漲，也就是通貨膨脹。」八點一到，咪咪輕巧地跳上茶几，手執教學棒，馬上變身為

嚴肅的咪咪老師。

「我們不是上投資課？為什麼要聊通貨膨脹？它和投資有什麼關係？」詹姆士吞下嘴巴裡的漢堡，不解地問。麥當當真是好吃，他最愛高熱量食物了。

「通貨膨脹，簡稱通膨。它除了和我們的生活相關，和投資也是有相關性的。」咪咪推了推眼鏡：「我們假設一份麥當當的套餐是 120 元，通貨膨脹率 3％，過了 24 年後，你的 120 元就只能買到半套套餐。通貨膨脹會讓我們的購買力下降。」

「咪咪你算錯了，麥當當是漲 4％~6％，不是 3％，所以我們的購買力會下降更多。」詹姆士好心提醒咪咪生活現況，不過，聽起來有點像是在找碴。

「這只是假設情況，讓你體會通膨的影響有多大。事實上，你不會每天只吃麥當當，麥當當也不是每年都漲 4％~6％；如果以台灣過去 30 年的通膨水準區間為 0.87％~4.47％ 來看，3％ 的通膨率還算是合理的預估值。」咪咪說。

「假設是 3％，就算每年都調薪 2％，我的實際的薪資是縮水的耶。」詹姆士說。

「事實上，你無法保證未來每年都會調薪，但是通膨長期都存在。投資當然有許多不同的目的，不過，最基本的目的就是要保持我們的購買力。假設你都沒有調薪，為了維持你的購買力，你的實質投資收益（報酬率－通膨率）需要 > 0％。如果依照這個邏輯，把錢放在銀行做定存，可能不是聰明的做法，你必須確保定存利率會高於通貨膨脹率，不然至少要高於通貨膨脹率扣掉薪資成長幅度。」咪咪看著詹姆士問道：「這樣，能夠明白為什麼投資和通貨膨脹會有關聯了嗎？」

「我大概能夠了解：投資的基本目的之一是保持購買力，所以當一個長期年化報酬率低於通貨膨脹率的投資，有可能不是好的投資。」詹姆士吃完了套餐，喝了一口可樂：「看來通貨膨脹的確不是一個好東西，真不希望有通膨。」

「許多事情都是一體兩面的，如果收入增加的幅度趕不上物價連續上漲的幅度，會讓一般人的購買力下降。不過，一般認為小幅度且穩定的通貨膨脹對經濟有益。通貨緊縮（物價的連續下降）反而對經濟會產生不好的影響。假設你本來計畫要買一件衣服，結果發現衣服愈賣愈便宜，你會現在買，還是延後消費？」

「當然是慢點買啊！賺錢不容易。」詹姆士認為這很正常的選擇。

「如果你發現所有的東西慢點買都會比較便宜，你會怎麼做？」

「嗯。我懂你的意思，大家都會想慢點再消費。」

「如果大多數的人都有同樣的想法與行為，也就是變成延遲消費，廠商的收入一定會受到影響，在獲利下降甚至是賠錢的情況下，廠商可能就會開始控制成本，例如：裁員，撐不住的廠商可能倒閉，造成失業率上升，大家的消費更保守，最終也影響到經濟。」咪咪點出通貨緊縮可能帶來的負面影響，並進一步說明適度通貨膨脹的好處，「另一方面，當一個國家景氣好轉，由於需求、消費能力增加，往往會伴隨著物價的上漲，也因此，部分國家像是美國，甚至訂有通膨目標，認為一定的通膨區間，有助於維繫勞動力及經濟活動穩定。所以說，適度的通貨膨脹對經濟是好的，經濟成長，企業賺錢，也才有能力調整薪資。」

「有道理。不過，面對通貨膨脹或是緊縮，政府可以幫我們做些什麼嗎？總不能只是在廠商有聯合漲價的嫌疑時，才跟著媒體報導做調查

吧？」詹姆士想到最近的新聞報導有感而發。

「如果通貨膨脹控制不當，可能會引發不良影響，造成惡性通膨，這種情況通常在政治動盪的國家比較容易發生。例如：辛巴威就曾經因為政治動盪，發行過 1,000 億元面額的紙鈔，但 1,000 億元的辛巴威幣，只能買進半條麵包。這種惡性通膨看似離我們很遙遠？但是在 1950 年代的台灣也曾發生過類似的情況。通膨緊縮也可能引發不好後果，像是日本跟歐洲近年來面臨的，就是通膨不夠的壓力[1]。在討論政府怎麼處理通膨問題前，我們先了解通膨是怎麼來的，再來探討政府如何處理通貨膨脹。」咪咪優雅地坐在茶几上，一副要和詹姆士促膝長談的模樣。

「通貨膨脹發生的原因很多、很複雜，經濟學家提出了不少學說來討論它。一般人比較常聽到的是，『需求拉動的通貨膨脹』理論以及『成本推動的通貨膨脹』理論。你一定聽過『供需失調』或『供不應求』，當產品的供給或需求有了不正常的狀況，就會產生物價變動，我們可以從需求面的『需求拉動』以及供給面的『成本推動』，來討論通貨膨脹的形成的原因。」

「假設你現在參加一個拍賣會，你看上一件藝術品，底標是新台幣 500 萬元，同時間有 10 組人馬對這件藝術品有興趣，你覺得拍賣出來的價格會低嗎？當然不會，因為需求大於供給，價格一定會被哄抬上來。需求拉動的通貨膨脹，就是指商品及勞務的總需求大過總供給，造成物價的上揚。有些經濟學家認為，『過多的貨幣追逐太少的商品及勞務』是造成需求過多的主因。也就是說，如果大家手上都有很多錢、很多貨幣，就可能會競相出高價搶購商品，而造成物價上揚。」

1　增訂版註：2021 年後因為 COVID-19 影響全球供應鏈，在供需嚴重失衡情況下，全球通貨膨脹壓力大幅增加，歐洲與日本也由過去的通貨緊縮危機轉變成通貨膨脹壓力。

「這個部分我了解了，就是物以稀為貴。」詹姆士想起愛瑪仕的凱莉包，有錢都還得排隊才買得到，價格也是天價！

　　「另外廠商成本上升也可能引發通膨，也就是成本推升的通貨膨脹。有可能因為廠商成本升高，必須調高售價，或是生產力不足，進而造成通貨膨脹。包括工資上揚，石油等原物料價格上漲，以及企業壟斷等，都會從供給面推動物價上揚。」

　　「對！有時候店家會說因為成本上漲，撐不住了，所以他們被迫漲價。有時候他們也會說，是因為新台幣貶值，或是日圓／歐元升值，進口成本增加，所以要漲價。」詹姆士想起他常光顧的日本品牌服飾，最近才因為日圓升值將售價向上調整一波，所以很有感覺。

　　「是的，這種來自國外的進口品價格上漲所造成的價格上漲，稱為『輸入性通貨膨脹』。」

　　「除了『輸入性通貨膨脹』、『需求拉動的通貨膨脹』以及『成本推動的通貨膨脹』外，經濟學家認為產業發展不平衡、基礎設施不足等結構性因素，也是通貨膨脹的一個重要成因。」

　　「還有，預期心理也因素之一。當物價上漲時，多數人如果預期物價會繼續漲上去，那麼他們將會搶購、囤積，而使物價上漲得更劇烈。因此，『通貨膨脹預期心理』也是通貨膨脹的重要成因之一。」

　　「原來如此，只要發生需求大於供給的情況，就可能會產生通貨膨脹；相反的，若是需求小於供給，就可能造成通膨緊縮。」經過咪咪的詳細說明，詹姆士了解了通貨膨脹變動的因素，不過還是沒有解答他心中的疑惑：「那麼政府如何處理通貨膨脹呢？」

　　「以台灣為例，政府可以做的是調整貨幣政策，貨幣政策主要包括：

調節基本利率、調節商業銀行保證金、公開市場操作等。中央銀行通常會透過調升或調降基本利率來控制通貨膨脹。」

「不是很懂……」詹姆士不好意思地搔搔頭。雖然他是商學院畢業的，但很多東西早就還給老師了。

「前面提到過，過多的貨幣追逐太少的商品及勞務，會造成通貨膨脹。在一般狀況下，生產面增加的速度是較緩慢的，如果社會上的貨幣數量增加太快，一定會造成通貨膨脹。因此，中央銀行必須要謹慎地控制資金的供應，才能維持物價的穩定。如果中央銀行認為社會上的資金太多了，可能會引起通貨膨脹，就應該設法減少資金供給，這時中央銀行採取的措施就叫做『貨幣緊縮政策』。相反的，當中央銀行認為社會上資金不足時，就會增加資金供給，而採取『貨幣寬鬆政策』。」

「中央銀行怎麼減少資金供給？」詹姆士問。

「例如：中央銀行可以調升基本利率。在中央銀行調升利率之後，銀行會跟著調升存款及放款利率。當存款利率增加，會鼓勵民眾資金回流銀行體系；同時放款利率增加，代表民眾借款成本提高，也會降低貸款意願，減少資金流入社會。」咪咪歪著頭思考一下後，繼續補充：

「除了調整基本利率外，中央銀行還有其他的政策工具。譬如：調整重貼現率、存款準備率、公開市場操作等。」

「咪咪，今天課程一開始你有提到，通貨膨脹會影響投資，請問是怎麼影響呢？」詹姆士覺得這個應該是重點。

「我們以債券投資來做說明，當通貨膨脹有上升的跡象，若是中央銀行評估後決定調升利息，一般正常情況下，會導致債券殖利率上升。債券相關知識，我們未來會找一天詳細說明，你只要先記得『債券的價

格和殖利率呈反向關係』。因此，當通膨上升時，對債券持有的投資人而言，如果他們有資金需求而要賣掉債券，馬上就會面臨價格下跌的問題。所以，通貨膨脹變化是會影響債券投資的。」

「那麼對股票投資的影響呢？」與債券相比較，詹姆士還是比較關心股票投資。

「想像你經營一家咖啡店，如果面臨通貨膨脹，是不是意味著你的進貨成本可能上升？同時為了穩定獲利，你會不會想要調升售價。如果售價上升的幅度高於成本上升的幅度，是不是代表你的毛利率可能增加？相反的，如果你的店面的隔壁也開了一間風格相近的咖啡店，在為了留住客源的情況下，你可能不會調整售價，此時，你的毛利勢必會下降。同理可證，在做股票投資時，若是遇到通膨明顯時，你要做的基本分析是：這家企業的成本上揚幅度如何？有沒有議價能力？它的成本轉嫁能力如何？是否可以抵抗物價上揚的壓力。畢竟股票投資是看獲利成長，所以你可能發現，當媒體開始報導原物料價格上揚、薪資上揚、有通膨壓力時，大家會對於所謂抗通膨概念股，像是原物料、金融、營建等產生興趣。」

「嗯！今晚的通貨膨脹內容，讓我覺得頭腦脹脹的，咪咪！我需要時間消化這些訊息。」詹姆士認真覺得自己過去把投資想得太容易了，他需要學習的東西很多，也需要時間消化這些資訊。

「時間也差不多了。今天就到此為止。」咪咪跳下茶几，慢慢地走向詹姆士：「喵～主人，我肚子餓了，人家想吃魚拌飯～」

咪咪老師的筆記小箋

🐾 中央銀行的主要操作工具有哪些？

❯ 重貼現率

當銀行在短期資金不足時，向中央銀行請求借款所適用的利率。當中央銀行降低重貼現率時，銀行的借款成本降低，可以向中央銀行借入較多的資金。通常市場經濟狀況不佳時，中央銀行會調降重貼現率。相反的，如果中央銀行提高重貼現率，則表示中央銀行正送出警訊，設法使過熱的經濟活動「降溫」，避免形成通貨膨脹。

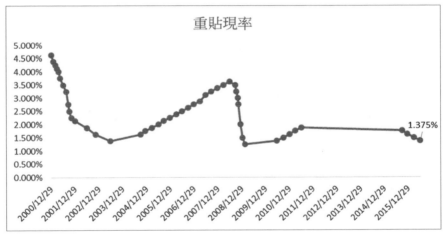

資料來源：中央銀行；截至本書完稿前，央行最後一次調降重貼現率之時點為 2016/07/01

❯ 存款準備率

規定銀行所收受的存款中，必須保留而不能貸放出去的比率。比方說存款準備率是 10％，表示銀行每收受 1,000 元的存款，必須保留 100 元交由中央銀行保管；其他的 900 元，銀行才能貸放出

去。如果，中央銀行將存款準備率降低，就表示銀行有較多的資金可以貸放出去，此時中央銀行採取的是寬鬆貨幣政策。相反的，中央銀行調高存款準備率會使銀行的放款能力降低，市場上的資金將減少，而形成緊縮的貨幣政策。

存款及其他各種負債準備比率

單位：對存款額百分比

| 應提準備率調整日期 | 支票存款 | 活期存款 | 外資活期存款² | | 儲蓄存款 | | 定期存款 | 外匯存款³ | 其他各種負債 | | 其他項目 |
			未超過99年12月30日餘額部分	超過99年12月30日餘額之增加額	活期	定期			銀行承作結構型商品所收本金⁴ 新台幣	外幣	
100 年 1 月 1 日	10.750	9.775	25.000	90.000	5.500	4.000	5.000	0.125	5.000	0.125	0.000
99 年 1 月 1 日	10.750	9.775			5.500	4.000	5.000	0.125	5.000	0.125	0.000
97 年 9 月 18 日	10.750	9.775			5.500	4.000	5.000	0.125			0.000
7 月 1 日	12.000	11.025			6.750	4.750	5.750	0.125			0.000
4 月 1 日	10.750	9.775			5.500	4.000	5.000	0.125			0.000
96 年 6 月 22 日	10.750	9.775			5.500	4.000	5.000	5.000			0.000
91 年 6 月 28 日	10.750	9.775			5.500	4.000	5.000	0.125			0.000
90 年 11 月 8 日	10.750	9.775			5.500	4.000	5.000	2.500			0.000
10 月 4 日	10.750	9.775			5.500	4.000	5.000	5.000			0.000
89 年 12 月 29 日	13.500	13.000			6.500	5.000	6.250	10.000			0.000
12 月 8 日	13.500	13.000			6.500	5.000	6.250	5.000			0.000
10 月 1 日	13.500	13.000			6.500	5.000	6.250	0.000			0.000
88 年 7 月 7 日	15.000	13.000			5.500	5.000	7.000	0.000			0.000

資料來源：中央銀行

▶ 公開市場操作

中央銀行在金融市場上買入或賣出有價證券（一般而言指的是政府債券、商業本票等，但也有例外，例如：日本央行的公開市場操作甚至會買入 ETF）。當中央銀行從市場上買入有價證券時，會釋放資金，市場上的資金會增加。相反的，賣出有價證券時，代表中央銀行收回資金，市場上的銀根會緊縮，進而減輕通貨膨脹的壓力。

安柏姐的碎碎唸

🐾 德國的惡性通膨

1923 至 1924 年間，德國發生了史上最嚴重的惡性通貨膨脹。

第一次世界大戰，德國戰敗後，被迫支付約 330 億美元的戰爭賠款。依當時德國的情況，根本無力負擔這個天文數字，因此德國政府的唯一選擇就是印製愈來愈多的貨幣來支應賠款。這個舉措，導致了有史以來最嚴重的通貨膨脹。

當時德國的通貨膨脹有多嚴重呢？

1919 年民眾只需花 1 馬克就能買到的物品，在 1923~1924 年通膨飆升期間，則要花 7,260 億馬克才能買到。

在第一次世界大戰期間，德國貨幣發行量增加了 8.5 倍，德國馬克相對於美元僅貶值了 50%。從 1921 年開始，德國中央銀行的貨幣發行量，呈火山爆發的態勢：1921 年比 1918 年增加 5 倍，1922 年比 1921 年增加 10 倍，1923 年比 1922 年增加 7,253 萬倍。從 1923 年 8 月起，德國的物價達到天文數字，一片麵包或一張郵票的價格高達 1,000 億馬克。德國工人每天的工資必須支付兩次，拿到錢之後要在一個小時之內花出去。當時，美元匯率已經衝到 1：100 萬以上，許多富人持有外幣來賺國難財，廣大中產階級存款因為可怕的通貨膨脹，在一夕間灰飛煙滅，憤怒的他們把一切錯誤都歸咎於瘋狂印鈔票的政府，並轉而投向了希特勒與納粹黨的懷抱，為後續的歷史悲劇埋下種子。

人類第一次見識了超級通貨膨脹的威力。

【咪咪老師的隨堂考】

1、假設你每年被調薪 2%，通膨率都在 3% 以上。請問你的實質購買力會上升還是下降？

2、假設你是非常保守的投資人，如果現在的通貨膨脹率為 1%，一年期的銀行定存利率為 2%，請問將錢放在一年期銀行定存，是不是一個划算的投資？為什麼？

3、假設未來通貨膨脹將持續上升，中央銀行要調升利率，債券的殖利率往上彈升，請問，這時候的債券價格會上漲還是下跌？

4、中央銀行主要的政策工具有重貼現率、存款準備率、公開市場操作等。2020 年 3 月美國聯準會（Fed）、也就是美國的中央銀行，宣布購買公司債及債券 ETF。請問 Fed 是使用了上述哪項政策工具？對債券殖利率及價格的影響是什麼？

（解答請見附錄）

47

投資的第三課
太陽下山明天依舊爬上來，景氣循環勢不可擋

　　報章雜誌不斷討論因為美國和中國的貿易爭議不斷延燒，許多主要經濟調研機構再度調降未來兩年的全球經濟成長預期，甚至認為近期就有可能發生經濟衰退，對於各類資產的預期報酬率表現，看法多數偏向謹慎保守。這陣子詹姆士跟著咪咪上課，已經很少注意明星八卦與政治口水，開始留意經濟相關議題，他很好奇如何判斷景氣狀況，以及如何利用這些訊息來做投資。

　　今天晚上，詹姆士向咪咪提出心中的疑問。咪咪看起來很開心，貓嘴咧得很開：「我們今天就來談景氣循環吧！」

　　「景氣循環是指國家總體性經濟活動的波動，它是指經濟運行中周期性出現的經濟擴張與經濟緊縮交替循環的一種現象。一般在經濟學上的分期有二階段分期，以及四階段分期。」

　　咪咪很快地在牆壁上秀出一張圖：

景氣循環二階段分期

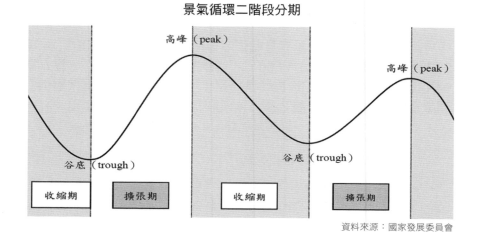

資料來源：國家發展委員會

景氣循環四階段分期

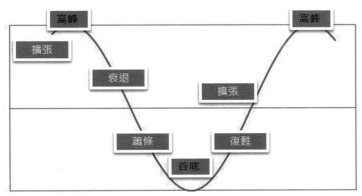

資料來源：作者整理

「二階段分期認為一個景氣循環週期包含一個擴張期及一個收縮期；擴張期指的是景氣谷底到景氣高峰；收縮期指的是景氣高峰到景氣谷底。實務上，擴張期及收縮期個別應持續至少 5 個月，全循環至少需 15 個月。這一連串的波動會周而復始但不定期發生，持續期間由一年以上到 10 年不等。」

「4 階段分期則認為經濟週期擴張期、衰退期、蕭條期與復甦期 4 個階段。其中繁榮期與蕭條期是兩個主要階段，衰退期與復甦期則為兩個過渡性階段。依過去經驗，景氣復甦＋景氣擴張的時間，都會遠比衰退與蕭條持續較久的期間，景氣循環的各階段都有明顯之經濟特徵可以辨識，但不代表每種跡象都會一起出現。不同的國家在同一時間點也會處在不同的經濟階段。」

咪咪進一步說明：「不過，由於一般定義經濟衰退為連續兩季負成長，蕭條則是經濟負成長 10％以上，而且嚴格來說，每個國家的定義並不一致。我們可以看到近期對於景氣循環，有更通俗的分法為：擴張、

降溫、衰退（蕭條）、復甦4個階段，這種區分方式，更易於用來做為投資配置的解釋，每一個階段都會有比較適合配置的投資標的。投資人可以視經濟情勢，藉由轉換不同種類之標的與調整投資比例，達到長期投資目標。」

「各個期間的明顯特徵是什麼呢？又可以做什麼投資？」詹姆士認為這個是重點，如果可以知道各循環階段的特徵及應該投資什麼資產，那麼投資就會變得容易了。

咪咪瞄了他一眼，表情深不可測。它輕輕揮一下教學棒，牆上出現了一個表格：

景氣循環、市場態樣與投資

	擴張期	降溫期	衰退／蕭條期	復甦期
經濟成長	遠高於長期平均值	成長趨緩並低於平均值	差，連續兩季以上負成長	走穩，但仍低於平均值
通貨膨脹	走高	由高峰開始下滑	持續下滑	低
商品價格	大幅上揚	由高峰開始下滑	處低檔	持續走弱
貨幣供給	持續增加	走弱	持續走弱，並可能觸底	開始回升
利率走勢	走高	由高峰開始下滑	持續下滑	低
股市表現	強勢	低迷	有由低點反轉跡象	開始上漲
企業獲利	成長迅速	由高峰開始下滑	持續不佳	獲利走出谷底
匯率	強勢	走弱	走弱，但可以觸底	恢復強勢
建議可適度介入之投資標的				
	擴張期	降溫期	衰退／蕭條期	復甦期
股票	循環價值型股票	防禦價值型股票	防禦成長型股票	循環成長型股票
債券	高收益債券／新興債券	已開發國家公債／投資級債券	美債	高收益債券／新興債券

資料來源：作者整理

「就像這張表格上所列的，不同的經濟時期，我們可以查覺不同的跡象。例如在景氣擴張期，經濟成長趨勢是向上的，而且經濟成長率會高於過去的長期平均值，例如 10 年的經濟成長平均值，我們可以發現因為經濟良好帶動需求上升，大宗商品的價格可能上升，同時我們也可能感受到通貨膨脹走高。在金融市場部分，我們會感受經濟成長帶來的企業獲利上揚，股市表現亮眼；也因為經濟情勢良好，企業獲利佳，外資覺得有賺錢機會，資金流入國內，貨幣升值，整體貨幣供給也增加。此外，因為通膨上升及經濟情勢良好，所以中央銀行為了防止通膨過熱，可能採取緊縮貨幣政策（例如升息），長短期利率將會上升。在投資方面，股市、商品以及部分債券，像是高收益債券或是新興國家債券，會有表現機會。」咪咪頓了一下：「不過，就像剛剛有提到，各階段都有明顯之經濟特徵可以辨識，但不代表每個跡象會一起出現，還是需要留心體會與觀察，累積自己的經驗值，再配合自己對於投資標的的觀察，建立一套適合自己的投資模式。」

「咪咪，你是說，雖然這張表格有歸納各個景氣階段的特徵，也有提及適合投資的標的，但不建議完全照表操課嗎？」詹姆士覺得如意算盤似乎打錯了，但仍然不死心地：「這麼一來，依據景氣循環來做投資，不就沒有效率嗎？」

「這是一個很好的問題。」咪咪今天看起來心情很好：「很多人在做投資時，想要尋找一個標準答案，但是**投資向來沒有標準答案**，不過它有一套邏輯與大準則存在。前提是，你必須對投資工具有一定程度的了解，知道它的特性、優點與缺點，知道在什麼時候它會有表現機會，什麼時候會相對疲弱。當這些大方向掌握了，就算因為短期因素使得投資短期價格下跌，你仍有信心持有它。當然，你也會知道是不是應該停

損。如此一來，你就能順著景氣循環做出最適當的配置與調整。」

「咪咪，可以請你更具體說明如何利用不同的景氣循環做投資嗎？」詹姆士希望自己可以有更具體的概念：「譬如，在不同的景氣循環位置，要怎麼投資債券會比較適當？」

咪咪在牆上秀出另外一張圖表：「原則上，我建議投資債券長期投資會比較穩健，但是利用景氣循環可以提升投資的效率，也就是提升投資報酬率增加的機會。」咪咪指著表格：「像是台灣投資人熟悉的高收益債券，最佳的加碼時間點，應該在景氣落入最谷底時，信用利差[2]達到相對高峰時介入，隨著景氣復甦逐步加碼，在景氣達到最熱時，就應該逐步獲利了結。這便是很典型的隨著景氣變化做債券配置的調整的例子。」咪咪頓了一下，補充說明：「不過，這是大原則與大方向，前提還是要建立一套適合自己的判斷指標。」

「但是，我也聽過一種說法，債券投資只需要買高收益債券就好，不需要考慮太多因素。」詹姆士提出心中的疑問，投資債券不就是看利率高低來判斷嗎？還需要費多大的心力？

咪咪搖搖頭：「這種說法，對也不對。別忘了在 2008 年時，高收益債券大跌的情況。沒人能夠保證當你需要動用投資債券的這筆資金時，高收益債券所處的價格永遠在相對高點。而且，你能夠保證，當你再度遇到類似 2008 年的情況，你可以冷靜地不受市場氣氛影響，不會出脫手中的債券嗎？因此，理論上債券應該長期投資，而這個長期，應該至少 3 年，但若能根據景氣循環而調節部位，反而可以增加投資的效率，也就是增加整體的投資報酬率。」

---

2 信用利差說明請見第六課。

景氣循環與債券配置

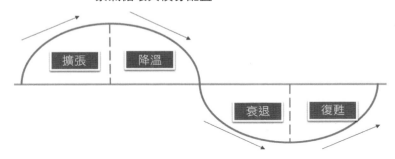

	擴張	降溫	衰退	復甦
政府公債	減碼→中性	中性→加碼	加碼→中性	中性→減碼
投資級公司債	中性→加碼	加碼→中性	中性→加碼	加碼→中性
高收益債券	加碼→中性	中性→減碼	減碼→中性	中性→加碼
新興市場債券	加碼→中性	中性→減碼	減碼→中性	中性→加碼

資料來源：作者整理

說明：前述的「景氣循環、市場態樣與投資」表中，所提及的「建議可適度介入的標的」，講述的是一個靜態的概念，可以想成「現在買，短期內會很安穩」的標的。然而，投資是一個長期連續的過程，我們必須思考下一步應該怎麼做，因此需要有動態配置的概念。上圖便是一個跟著景氣循環對債券配置做動態調整的示意圖。例如，在景氣擴張期，通常伴隨著較高的通膨，會處於貨幣政策緊縮的狀態，公債殖利率會在相對高檔，通常價格表現不會太好，通常債券基金經理會減碼公債部位，或是縮短債券投資組合的存續期間。但隨著景氣擴張末階段到來，升息將到尾聲，此時應該將政府公債部位由原來的減碼，調整為中性。之後，伴隨而來的將是景氣降溫，甚至是可能的降息，在這過程中，公債的部位應該由中性再逐步調整成加碼。等到央行真的開始降息後，原已加碼的部位，便能享有較多的報酬。隨著央行降息，景氣逐步回溫，便可以逐步將公債部位獲利了結，並轉而思考加碼信用債券的時機，以上便是投資部位動態調整的過程。懂得如何判斷景氣變化與央行貨幣政策可能的方向，並適度調整投資配置，便能提高投資的勝率。

　　「嗯，也就是投資沒有速成，需要學習，並且有耐心。」詹姆士知道自己小看了景氣循環對投資的影響，也提醒自己不可以再用天真的角度看待投資。

咪咪：「扎實的基本功永遠是你最好的憑藉，不要輕易相信別人口中的『懶人投資術』。」

安柏姐的碎碎唸

🐾 妳可以教教中國股票基金經理人怎麼操盤嗎？

那是一個風和日麗的午後，我坐著高鐵南下台中做業務陪訪。根據台中業務同仁 Alan 的描述，要拜訪的客戶是一家有實力的中小型企業，在我們公司的股票基金和債券基金的總投資部位達五、六億元。重點是，這家公司的財務長非常地挑剔。

在前往這家公司的路上，Alan 跟我請教了對後續債券市場的看法：「Amber，高收益債券指數最近又創歷史新高了，歐債的問題又爭論不休，我的客戶看到最近公布的美高收違約率一直上升，擔心高收益債券會不會又像 08 年那樣大幅度下跌？」

「我們投資的是美國企業發行的美元計價債券為主，依目前美國貨幣政策、景氣、和企業的財務體質改善的情況，加上現在的高收益債券的利差水準（指的是高收益債券殖利率與公債殖利率間的差距）仍然遠高於歷史平均水準，我不認為高收益債券沒有表現空間。何況，在實務操作上，違約率是落後指標，甚至可以視為反向指標，現在違約率的上揚是在預期內的事情，真的不需要太擔心。而且，你忘了我手中兩檔基金是複合債券基金，會隨著景氣與市場狀況做調整，可以請客戶放心。」

很快地，我們到達目的地，那是一棟建築在鄉間田野的三層洋樓。

「陳副總，這位是我們多重收益團隊的主管，也是你最近買的那檔債券組合基金的經理人——Amber……」Alan 做了簡單的介紹後，我便開始向客戶說明未來的總體經濟及全球債券市場看法，以及基金未來的調整方向及策略。拜全球債券市場多頭所賜，我的基金績效排名不錯外，上半年也繳出罕見的 2 位數的報酬率，直到 Alan 遞出這家公司投

資部位的最新對帳單前，陳副總全程都保持滿意的笑容。

　　「Alan，你們家中國基金經理人在搞什麼鬼啊？我已經投資一年了，怎麼還是負報酬？他到底有沒有用心操盤啊？Amber 的基金我才投資半年，都賺十幾趴了，中國基金也太遜了吧？」陳副總蹙著眉頭不悅地跟 Alan 抱怨，然後對著我：「Amber，妳要不要花些時間教教妳們家中國基金經理人怎麼操盤啊？這績效真的太不像話了。」

　　這天外飛來一筆的要求，我還真的傻眼了，回不回話都尷尬，還好 Alan 趕快接話，並遞出另一張報表：「副總，你也清楚嘛！最近中國股市表現真的很不好，我們家中國基金雖然也跌，但今年以來在同業排名還是維持在第一名。我們家的經理人都跟 Amber 一樣很認真操盤。報酬率不理想，真的是因為市場關係，等到中國股市回穩，就會漲來了啦！」

　　事後 Alan 跟我說，客戶都是這樣的，就算市場跌，也希望是正報酬率，因為他們認為投資就應該要賺錢，如果賠錢，排名第一又有什麼用？剛好這幾年我的操盤表現一直很穩定，所以客戶才有「要我教中國經理人怎麼操盤」的要求。

　　我可以理解客戶的心情，但不能認同這樣的想法。畢竟，「聞道有先後，術業有專攻」怎麼可能預期身為債券基金經理人的我，有能力教中國股票基金經理人如何操盤？中國股市並不是我的專長啊。再者，不同的景氣循環位置，各有適合的投資標的，同時，每個國家所處的循環位置不同，就算同屬股票或債券投資，報酬表現也可能有極大的差異。投資人錯誤的投資期待，最終還是會影響到自己的投資報酬率。只是，建立正確的投資觀念，並不是件容易的事情。

　　看著窗外夕陽西下的美景，我只能在心中嘆息。

【咪咪老師的隨堂考】

1、景氣循環的分期，在經濟學上一般有二階段分期與四階段分期，請問各是什麼？

2、「目前經濟成長力道強勁，預估今年 GDP 將可望達到 3.5%，高於長期平均的 2%。同時間，由於經濟活動熱絡，企業獲利持續增長，對於人力的需求也持續上升。預估通貨膨脹有持續上漲的壓力，中央銀行可能在今年稍晚升息。」請問上述情境，是在景氣的哪一個時期？若要投資債券，何種債券比較合適？

3、目前你的投資組合中有公債 50% 以及高收益債券 50%，若是要依據景氣循環來調整投資部位，請問我們應該在景氣步入衰退時，增加政府公債（例如：由 50% 增加至 80%）？還是減少政府公債（例如：由 50% 減少至 20%）？

4、目前你的投資組合中有公債 50% 以及高收益債券 50%，若是要依據景氣循環來調整投資部位，請問我們應該在景氣步入衰退時，加碼高收益債券（例如：由 50% 增加至 80%）？還是減碼高收益債券（例如：由 50% 減少至 20%）？

5、你買了一檔高收益債券基金，如果今年以來高收益債基金的指標下跌 20%，你的高收益債券基金下跌 10%，你覺得你的基金報酬表現如何？

（解答請見附錄）

投資的第四課
聚沙可以成塔？ 那些關於銀行存款的事

　　今天是發薪水的日子，詹姆士上網銀確認薪資已經入帳，扣除掉每月必需的支出後，他想到自己大部分的資產都套在那檔股票上，為了強迫自己儲蓄，他覺得定存會是個好主意。在看牌告利率時，詹姆士發現除了自己熟悉的定期存款外，還有其他像是定期儲蓄存款及整存整付、存本取息、零存整付不同的選項。詹姆士一時拿不定主意，決定回家問咪咪。

　　「你應該知道什麼是定期存款吧？」咪咪老師問。

　　「當然啊！定期存款（簡稱定存），就是把一筆錢放在銀行生利息。不同天期有不同的利率，還有分浮動利率和固定利率，可以決定每月領利息還是到期一次領。」詹姆士覺得這個問題實在簡單。

　　「不錯哦～答案挺完整的。」咪咪微微一笑：「你覺得要按月領息？還是一次領息比較好呢？」

　　「到期一次領息！因為有複利效果。」複利效果那堂課讓詹姆士印象深刻。

　　「可惜，事實和你想的不同。」咪咪看著一臉驚訝的詹姆士：「如果你存的是定期存款，它的利息計算並不是複利計算，而是本金 × 年利率 × 月數，再除以 12，即得利息額。如果你存 10,000,000 元定存 6 個月，利率 0.6％，6 個月後本金和利息總計（本利和）是 30,000 元；如果你按月領息，每個月領息的利息收入是 5,000，所以領的錢是一樣的。如果按月領息，你的資金還可以做其他的投資或運用。另外，如果

你是做新台幣定存，還有利息所得稅的問題要考慮，因為單一存單的單次利息收入若高於 20,010 元，銀行會先預扣 10％利息所得稅，雖然未來報稅可以扣抵，但是如果考慮到時間價值，到期一次領利息，就金錢的運用上是比較沒有效率的。另外，利息收入超過 20,000 元，還會被扣 1.91％的健保補充保費。所以存款的金額如果夠大，還是分拆成小額存款並且按月領息，才是比較好的做法。」

「可是，我要存的金額並沒有那麼大，而且，我的目的是強迫自己存錢，如果按月領息，可能不小心又把錢花了。」詹姆士為難地說。

「如果是強迫儲蓄的角度，我建議你做『定期儲蓄存款』。」咪咪說。

「定期儲蓄存款？」詹姆士滿臉疑惑問：「定期儲蓄存款和定期存款有什麼不同？。」

「在台灣，定期儲蓄存款是給個人存款戶使用，利息是用複利計算的，分為整存整付、存本取息、零存整付不同的選項。一般而言，『零存整付』以機動利率計息，遇到銀行或郵局將同期限之存款牌告做機動利率調整時，利率就會跟著調整。」咪咪頓了一頓續繼說：「銀行的定期儲蓄存款通常只收 1~3 年期。郵局則有收一年期以下的定期儲蓄存款，低於一年的定期儲蓄存款，像是 1、3、6、9 月，是按月單利計算利息。1 年以上的定存，除了『存本取息』（存本金，按月領息）外，整存整付和零存整付都是按月複利計算。」

「沒想到光是銀行存款就有這麼多的學問。」詹姆士恍然大悟：「咪咪，請問你有整理過定期存款和定期儲蓄存款的比較表嗎？」

「Here you are.」咪咪揮動牠的教學棒，牆壁上秀出一張圖表：

定期存款與定期儲蓄存款比較表

	定期存款	定期儲蓄存款
存戶	個人、法人、團體、行號	個人、非營利法人
承作期間	3 年以下（可指定到期日）	銀行：1～3 年（可指定到期日） 郵局：3 年以內（可指定到期日）
承作利率	浮動／固定	除零存整付外，皆可選擇固定利率或浮動利率。
計息方式	單利計算	(1)郵局一年以下定儲都是單利計算。 (2)1～3 年定儲： 　A. 整存整付：複利計息。 　B. 存本取息：單利計息。 　C. 零存整付：按月定時額存入，複利計息。
領息方式	按月領息、到期領息	A. 整存整付：到期本息一次領取。 B. 存本取息：按月（也可採按年）領息。 C. 零存整付：到期本息一次領取。

資料來源：作者整理

　　「現在對於銀行存款，你應該有更清楚的了解。」咪咪接著補充：「不論是做定期存款或定期儲蓄存款，目前有存款保險的情況下[3]，除非銀行倒閉，原則上不會有帳面上的虧損。但是，也必須留意可能隱含的損失。」

　　「可能隱含的損失？」詹姆士想了想，不甚確定地問：「你指的是『報酬率可能低於通貨膨脹』這個部分嗎？」

3　存款保險最高保額自民國 100 年 1 月 1 日起提高為新台幣 300 萬元。最高保額是指每一存款人，在國內同一家要保機構新台幣及外幣存款之本金及利息受到存款保險保障的最高額度。中央存保公司賠付時，係以新台幣為支付幣別。

「是的，這是有可能發生的。」對於詹姆士的理解，咪咪一臉欣慰：「以台灣銀行目前的牌告利率為例，一年期小額定期存款，固定利率為1.035％，一年期的定存利率1.07％，台灣過去10年平均通貨膨脹年增率是0.84％，目前的通貨膨脹年增率是0.4％（2019年7月資料），若是以這資料來分析，目前的存款利率是足以覆蓋通膨率。但若將時間拉長，台灣過去30年的平均通貨膨脹年增率約1.71％，定存的利率可能就不足以覆蓋通膨率。當然，過去30年的資料包括台灣高度成長時的通膨資料，平均數字相對高；但是誰也不能保證，未來通膨不會再度上升，而且高過存款利率。所以，如果你腦袋中的投資知識含金量足夠，而且願意承擔一些風險的話，試著做其他投資是值得考量的。」

　　課後，詹姆士整理著今天學習的筆記內容，現在他知道過去自己完全瞧不上的銀行存款，都有這麼多的學問，詹姆士覺得過去自己對於投資的態度太天真。他告訴自己要更加虛心學習，至少要有足夠的投資常識，免得未來重蹈覆轍。

安柏姐的碎碎唸

🐾 這個商品的投資報酬率會比銀行定存還要好哦！

在投信公司上班的人都知道，投資部門會有一個養機場——用來放手機的地方。在台股交易時間，投資部門的成員都需要繳交手機，確保我們沒有利用手機進行個人交易。

這天台股收盤後，我的手機被釋放了，開機後叮叮咚咚的訊息接收聲直響，我點開妹妹傳給我的line：「姊，有空回我電話，有事情請教。」

下班後，撥了通電話給妹妹，才知道她早上到銀行處理事情，剛好前幾天一筆銀行定存到期，理專建議她轉投資一張類全委保單，撥回率有 5.5%。理專跟她說：撥回率類似基金的配息率，利率比定存好很多。妹妹對 5.5% 的撥回率有點動心，但又想天下那有這麼好的事情，所以想聽聽我的意見。

「你知道那張類全委保單連結的帳戶是什麼嗎？投資策略和市場是什麼？哪家壽險的產品？委託哪家投信操作的……？」我連續問妹妹幾個很基本的問題，但她除了知道是哪家壽險公司的保單外，其他全部沒有概念。

「理專跟我說，是交給專業經理人操作，就像政府代操，幫忙挑投資標的，我不需要管投資什麼基金，只要按時刷銀行本子，看著利息撥入帳戶就好。」妹妹弱弱地解釋為什麼她無法回答我的問題：「我也有問雅如，她也認為不要贖回本金就好，只要領 18 年就可以回本了……。」雅如是妹妹的閨蜜，標準的小錢嫂一枚，任何可以賺錢的機會都不願意放過。看來，她們真的以為類全委保單和定存一樣，是可以穩穩地領利息的。

後來，我花了些時間當面告訴妹妹什麼是類全委保單，和定存有什麼不同，有什麼優點和缺點，投資時需要留意什麼事項。妹妹聽完後恍然大悟：「跟定存完全不一樣嘛！類全委保單的風險比定存高很多。」

　　「每個投資商品都有優缺點，把錢交出之前，先花點時間了解一下商品，是必要的，不要只聽到報酬率高或是配息率高，就把錢掏出來。妳買個包包都要研究老半天，到處比價到哪裡買比較划算，更何況是把一大筆錢交給別人投資？」妹妹聽了點點頭，答應我不會衝動投資不熟悉的商品，我也放心了，畢竟賺錢不容易。

　　許多投資人在投資時，會受投資報酬率或者預估利息吸引，而忘記去了解投資商品，並且評估投資風險，這樣的情況，在投資固定收益商品時更是常見。雖然錢放在銀行有被通膨吃掉的風險，但若沒有了解投資工具而貿然投資，所承受的風險反而更大。

　　我們不是一定要投資，而是要「懂得」如何投資。在沒有充分的投資知識前，衷心建議讀者，還是將錢放在銀行反而較實在。

【咪咪老師的隨堂考】

1、銀行的定期存款利息是單利計算，還是複利計算？

2、銀行的「整存整付」儲蓄存款，是用單利計算利息，還是用複利計算利息？

3、存款保險的每一家銀行最高保額是多少？

4、承作定存時，除了注意用固定利率或機動利率，需要留意通貨膨脹嗎？為什麼？

5、如果你要承作銀行定存，你覺得未來中央銀行可能會降息，請問你要存固定利率？還是機動利率？

6、銀行理專推薦我一張類全委保單，告訴我撥回率有 5.5%，而且這種投資跟定存一樣，就是領利息。請問 a）你認為銀行理專的敘述是正確的嗎？ b）我應該將到期的定存，轉投資到這張類全委保單嗎？

（解答請見附錄）

投資的第五課
不在乎天長地久，只在乎曾經擁有？
股票的長期投資是否可行？

「曾邀請天后張惠妹、英國天后 Jessie J 表演的跨國投資公司富南斯（Financial.org），被控舉辦多場投資說明會，以每單位 1 萬美元招攬會員，號稱可透過人工智慧（AI）代操作美國股市，且保證獲利 16%，吸金 30 多億元，至少超過 2,000 人受害。台北地檢署今指揮刑事局及台北市調查局，兵分 26 路搜索並約談白姓（已出境）及方姓主嫌等 19 人，全案朝違反《銀行法》方向偵辦……。（自由時報電子報／2019 年 11 月 7 日）」

今天下班回到家，詹姆士看見咪咪貓模貓樣地坐在筆電前，貓爪熟練地操作著，他好奇地湊向前看，發現是今天一則金融加演藝圈的八卦：「我今天中午在自助餐店，剛好看到這則新聞報導。夏奇拉的爸爸也涉案其中，我同事還說他真傻，連累自己女兒的名聲。」對中午的報導詹姆士深深不以為然：「爸爸犯罪又不是女兒犯罪，為什麼要把夏奇拉的名字也曬出來！」

「這樣才可以增加點閱率！你也不需要憤憤不平，這是媒體生態，不會因為你生氣而改變。不過，如果有人因為這樣而點閱了這則新聞，進而了解這類的詐騙手法並避免上當，也算是好事。」咪咪保持一貫平靜的口吻，真是冷靜的一隻貓。

「話說回來，這則報導是很好的教材，剛好我們今天要聊的是股票

投資。」咪咪關掉網路新聞頁面，優雅地轉過身來，一對好看的貓眼清澈地看著詹姆士：「這部分你應該覺得自己比較了解，是吧？」

「別提了，我就是因為投資股票，賠了大半輩子的積蓄。看別人賺錢容易，但為什麼輸到自己就完全走樣了？」想到那 -50％的報酬率，詹姆士真希望只是夢一場。

「針對『富南斯』這個個案，你覺得為什麼那些投資人會受騙？」咪咪問。

「我覺得是每個月保證獲利 16％非常吸引人，AI 這兩年是顯學，強調用人工智慧來操作，會讓人有非常專業、精準的感覺；而且，他們標榜所投資的市場，是這幾年報酬最為穩定的美國股市，又邀請名人來表演，會讓人誤以為他們是非常正派經營的公司。」詹姆士有條不紊地說出自己的看法。

「嗯！你點出所有的重點了」咪咪繼續問：「那麼，你覺得這些投資人疏忽了什麼？」

「這些投資人疏忽了什麼？」詹姆士歪頭想了一會兒，不太有把握地回答：「沒有進一步了解他們所謂的 AI 投資方法嗎？」

「他們可以吹噓一套 AI 投資策略給投資人，而且可以製作出精美的說明書，這不會是太困難的部分。」

有多少人是被這種表象的專業所矇騙而不自知？進而心甘情願地掏出自己的血汗錢、甚至是呼朋引伴投資。

咪咪說道：「投資人可以到經濟部查詢這家公司登記的營業項目，另外，這類公司也可能是多層次傳銷公司，也可以到公平交易委員會的網站查詢。這家位在台北 101 大樓的富南斯國際投資公司，向經濟部登

記營業項目為投資顧問、管理顧問等，但從公平交易委員會的網站可以查到，富南斯其實是傳銷公司，主要販售金融課程，價格從 9 萬 9,000 元到 15 萬元不等，明顯有矛盾。」咪咪嘆口氣繼續說：「投資人將錢交給這家公司，就像是投資一家公司。在沒有真正了解一家公司前，就根據對方的獲利保證與名人加持效應將自己的辛苦錢交出來，風險是很大的。不過，這種情形是很多人在投資時會犯的錯誤。」

「咪咪！這種類似老鼠會的吸金公司不算，因為它們不見得真的有投資股票。股票投資要怎樣才能賺到錢？股票是不是放長期就可以賺錢？或是我只要買 ETF 擺著就好？投資市場指數風險比較小吧？」詹姆士記得看過一些投資建議與理財文章，都建議投資看長不看短，要有耐心做長期投資才能賺到錢。

老實說，在知道咪咪有奇異能力之前，詹姆士是有打算跟那檔賠了 50％的股票長期抗戰下去，他很阿 Q 地想，或許經過一兩年的等待，就可以回本了。

「你的長期是多長？一年兩年？還是三年五年？」咪咪冷不防再補一槍：「你確定買的公司不會下市或是倒帳？」

咪咪貓爪一揮，牆面上出現一張曲線圖，詹姆士仔細一看，是美國 S&P500 的歷史指數的走勢圖：

「10 年夠長了吧？但是如果你在美國股市很熱的 2000 年買了 S&P500 指數，真的擺 10 年不管它，你會來去一場空，而且錯失解套機會。如果很不幸地你在 2007 年的高點買入，你必須等到 2013 年才可能回本，6 年的時間不算短，小學生可以變大學生，少女可以變少婦。如果只放銀行定存，你至少可以收 6 年的利息。」咪咪用教學棒指向 2007 年第四季左右的高點說明。

美國標普500指數走勢（1998-2012）

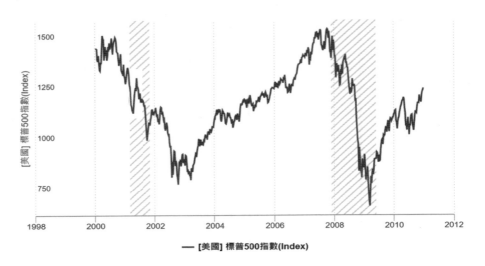

資料來源：Stock-ai

　　或許咪咪覺得說明不夠充分，於是再顯示另一張投影片，那是一家很有名而且已經下市很多年的公司股價 K 線圖：

博達下市前 6 個月的股價走勢

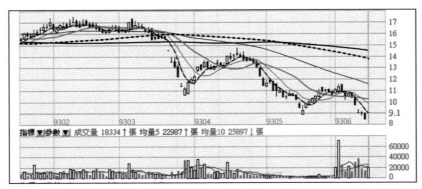

資料來源：eStock

「投資個別股票，更需要針對投資的公司，做深入的了解才不會血本無歸。像是曾經非常火紅的博達，因為號稱擁有獨步全球的砷化鎵生產技術，博達股價在 2000 年時曾一度創下 368 元的天價，但 2003 年爆發假帳醜聞後下市，下市時股價剩不到 10 元，前後不到 4 年的時間，投資人幾乎血本無歸。若是你投資市場指數 ETF，還可以自我安慰等個幾年，在市場反彈時有機會回本，但個股一旦投資錯誤，辛苦錢化為烏有的可能性並不是不存在，在股票市場中這樣的例子並不少。投資股票不能只抱著長期投資的傻勁就勇往直前，否則就是賭博了。」

　　「咪咪，請問該怎樣投資股票呢？」詹姆士想起自己的教訓，真的很想知道自己的問題出在哪兒。

　　「市面上有很多有經驗的投資高手提出不少自己的投資方法論，這類資訊取得並不困難，困難的是有沒有辦法投注心力做研究，並且找到一套屬於自己的投資邏輯與規則。有些人由基本面介入，有些人著重技術分析，也有些人認為要由總體經濟著手。這些方法都是可行的，有些人喜歡在研究後買入體質好的公司，像是台積電，做長期投資；有些人完全不看公司基本面，擅長利用技術分析做波段操作來獲利；更有些人以總體經濟數據，摸索出一套屬於自己的投資方法論，投資 ETF，在股票市場賺得盆滿鉢滿。高手都有自己一套秘訣，各有各的本事。基本上，不論你採取那種作法，都必須認清投資個股和投資指數的研究方法與指標是不可能完全相同的，但對於現金水位的控管同樣重要，因為口袋夠深，才能夠留得青山在。投資個股，首先你必須對於投資公司的產業有深入的了解，包括競爭對手、產業前景、個別公司在產業中的地位、公司的財務狀況與體質、公司的營運狀況與獲利情形、公司經營階層、公司的前景規劃等。一定要確認是一間好公司後，並評估股價是否值得投資，再輔以技術分析尋找好的投資機會點。這種做法看似比較費心費

力，也需要花比較多時間，卻是比較穩當的做法。當然，有些人的做法是先尋找具有前景的產業，再去挑選看好的產業龍頭股或技術線型有賺頭的公司來投資。不論是那種做法，都需要花時間下功夫去做研究的。不過，我比較建議投資股票市場指數，只需要由總體經濟面做長期趨勢的判斷，可以用較為穩當的方式在股票市場獲利。當然，你也可以挑選長期績效穩健的共同基金，不過，必須再多做基金挑選的研究。」

「咪咪你不是說長期投資不見得會賺錢？」詹姆士覺得咪咪那段小學生變大學生，少女變少婦的形容很有趣，也十分貼切。

「長期投資不見得會賺錢，但並不是完全不會賺錢，而是必須加上趨勢判斷。」咪咪突然神秘一笑：「只要懂得總體經濟的趨勢判斷，加上好的且熟悉的投資工具，長期投資股票市場是可行的。」

「我想起來了，前幾天我們在聊景氣循環時，你有提到類似的概念。」

「是的。」咪咪繼續說明：「股價的推動動力來自資金以及總體經濟的狀況。所以要留意你投資市場中央銀行的貨幣政策變化，以及這個國家的景氣情形。例如：若是你想投資美國 S&P500 指數，你就必須了解美國聯準會的貨幣政策變動方向，也要清楚知道美國的經濟主要動力來源是消費，因此會影響消費變化的因子，像是勞動市場狀況、消費者信心，以及消費本身的變化都必須留意。要抓住趨勢的轉折，長期投資才有意義，這並不是花幾個小時就能夠講得清楚，你也需要花時間研究和吸收，我會推薦幾本書給你參考（讀者請見附錄之參考書目）。」

「咪咪，我知道總體的經濟情況會影響金融市場的表現。不過，總體經濟指標不是落後指標嗎？看經濟數據做股票投資真的可行嗎？」詹姆士非常懷疑咪咪的總體經濟投資理論。

「我知道你心中一定會有疑問，我舉個例子說明：在 2018 年第四季時，因為全球都擔心美國和中國的貿易爭端會引起全球經濟衰退，加上許多主要經濟機構都下調 2019 年的經濟展望，所以 2018 年第四季，全球不管是股票或是債券的價格都明顯下跌。但因為許多國家的中央銀行紛紛降息想支撐可能下滑的經濟，美國聯準會也認為未來經濟有下行風險，而降息三碼，結果美國股市在 2019 年下半年又再創新高了，再次印證寬鬆的貨幣政策對金融市場的影響。」

　　「嗯，這是最近才發生的事情，所以我有印象。」

　　「不過，利用總體經濟判斷趨勢，不能夠只憑一兩項指標就論斷，一定要事先了解整個經濟體與金融市場的運作方式，抓出其中的規則。正確觀察指標並思考策略，定期檢視是否有修正的必要，看清大空頭來臨前的泡沫，見好就收，能夠長期持盈保泰。」咪咪苦口婆心補充：「投資可以簡單，但並不容易，需要花時間做功課，找出適合自己的策略，千萬不要盲目追求或相信可以輕鬆賺錢的方法。」

安柏姐的碎碎唸

🐾 有夢最美，希望相隨？博達案與惡血（Bad Blood）的省思

　　一家公司常常上媒體報導，就代表不會出問題嗎？ 有名人加持是不是獲利成長的保證？ 2018 年美國《華爾街日報》記者尤瑞，就揭露了 Theranos 獨創醫療科技的超完美騙局。

　　史丹佛大學的輟學生，伊莉莎白‧福爾摩斯，因為自己害怕打針，所以決定設計出全新的血液檢測機器，這種機器需要的抽血量，比美國現有的血液檢測機器還要少，但是卻可以檢測出一樣多、甚至更多的項目。這樣的概念若能具體實現，在醫學界的確是一項驚人創舉，也可以減少病人在檢查時所受的折磨。

　　伊莉莎白成功說服了史丹佛大學工程學院院長的支持，創立血液檢驗公司 Theranos，吸引到一堆大型企業與一群有頭有臉的投資人背書，她的董事會成員包括美國前國務卿季辛吉、前國防部長威廉佩里、前國務卿舒茲、兩位前參議員、前海軍上將等人。憑著這個「美國企業史上擁有最多重量級人物的董事會」，伊莉莎白募集到 4 億美元，她的公司市值超過 90 億。具傳奇性的崛起事蹟，讓她變成媒體寵兒，她成為世人眼中，在矽谷新創公司裡最年輕、最成功的企業家，正逐步改變世界，被媒體喻為下一個賈伯斯。

　　然而，以少量血液檢測出更多數據，理論上是不可能達成的，至少目前是不可行的；但是因為有名人加持，加上她自己優秀的說故事能力，讓她不斷利用造假的檢驗數據，說服投資人投資，直到被《華爾街日報》記者尤瑞揭發。

　　惡血的故事，讓安柏姐聯想到 2004 年爆發的博達案。一樣是女性

白手起家的故事，一樣是創新科技的夢想，一樣是造假，只不過 Theranos 造假的是機器檢測能力與檢測數據，博達案是在財務報表造假。兩個案子一樣有名人加持與媒體的吹捧，一樣具備故事性與未來性，一樣讓許多投資人血本無歸……。

安柏姐碎碎唸這兩個實際個案，並不是要勸大家不要投資股票，而是要提醒大家，要知道自己買的、投資的是什麼，也就是必須投資心力去學習與研究。就像是股神巴菲特曾表示，他不買自己不懂的公司。

《哈利波特》中，鄧布利多校長曾對哈利說：「在這人世當中，我們面對的大多數選擇，並不是選擇正確的，還是錯誤的；我們真正面臨的選擇是：選擇正確的，還是容易的。」

希望在投資的路上，我們的選擇是正確的。

【咪咪老師的隨堂考】

1、針對「富南斯」這個個案，你覺得為什麼那些投資人會受騙？

2、「一些投資建議與理財文章，都建議投資看長不看短，要有耐心做長期投資才能賺到錢，所以股票投資一定要放長期才會賺錢。」請問你贊成這種說法嗎？為什麼？

3、依據總體經濟判斷股價指數趨勢，請問以下哪些論述有問題？為什麼？（A）股價（指數）的推動動力來自資金以及總體經濟的狀況。（B）總體經濟指標是落後指標，看經濟數據做股票投資不可行。（C）美國的經濟是以消費為主體，所以研究美國股市走勢，也需要判斷美國消費的變化。（D）用總體經濟數據判斷指數趨勢轉折有效的原因之一，是因為只需要一兩項指標就可以精準判趨勢。

（解答請見附錄）

投資的第六課
債不愁多？什麼是債券？

今天晚上，詹姆士的心情似乎有些沉重。

晚餐後，他泡了一杯烏龍茶，坐在沙發看著裊裊上飄的熱氣發呆。

「喵～你怎麼了？」咪咪輕巧地跳到詹姆士大腿上蹭著：「看起來心情不太好。」

「公司今天發生一件大事。」詹姆士嘆了一口氣：「隔壁部門的小陳，先前迷上地下期貨的外匯交易，賠上一大筆錢，而且還欠了地下錢莊一筆錢，今天討債公司追到公司來。據說當初是約定以 10 天為一期，每期利息 10%，因為應急借款 20 萬元，扣掉手續費及第一期的利息錢，實際拿到手中只有 18.5 萬元。小陳本來想自己很快可以翻本，沒想到除了血本無歸外，每個月還得付地下錢莊 6 萬元的利息，已經付了半年 36 萬，結果 20 萬本金至今還沒能還清。小陳已經無力償還，因為簽了本票，想賴也賴不掉。看見討債公司那蠻橫的討債模樣，我覺得好可怕。我想到自己投資雖然賠錢了，但至少還是自己的錢，所以壓力沒那麼大。欠債真的是一件可怕的事情。」

詹姆士想起今天下午那群討債公司的兇神惡煞，覺得不寒而慄。他從來沒有想到這類的事情會在自己的周圍發生。

「剛好今天要談的話題和債務有關，」一秒不差，八點一到，可愛的咪咪又變身了，貓爪推了推臉上的眼鏡：「我們來聊聊台灣人投資最多，卻不怎麼了解的『債券』。請問你對債券了解有多少？」

「我對債券的印象就是買一檔債券基金，每個月等配息，然後利率

愈高愈好。」詹姆士想了想補充說道：「我在報章媒體看到的文章，大部分都是推薦買高收益債券基金或是新興市場債券基金，推薦的理由大部分都是因為配息率高。老實說，對債券我真的是一知半解。」

「如果有一天，你的朋友跟你借 100 萬元，請問你會直接把錢借給他？還是請他給你一個借款憑證？」咪咪問。

「100 萬耶！當然要有借款憑證啊！」詹姆士想，若是借個幾千、幾萬塊，倒是不需要。

「你會不會想跟他收取利息？如果會，你會收多少利息？」咪咪繼續引導詹姆士思考。

「100 萬放在銀行可以領利息，如果需要借給他一段時間，我當然會想跟他收利息。至於收多少……？」他仔細思考後：「因為我不可能把這麼一大筆錢借給跟我不熟的朋友，因為是熟識的朋友，我會收取跟銀行定存一樣的利息。」

詹姆士認為正常的情況下，多數人若跟朋友開口借這麼大一筆錢，通常是會主動表示會支付利息的。

「如果這個朋友你沒有很熟，但他真的需要用錢，他願意用高於銀行定存的利率付你利息，你願意借嗎？」咪咪再問。

「嗯～我會先問他為什麼需要 100 萬，也會評估他要借多久，他有沒有穩定的收入，也會看利率有多高。」詹姆士非常認真地回答。他知道自己將這麼大一筆錢借給朋友的機率不高，因為他也擔心被倒帳。不是有句話說，「當你將錢借給朋友，就需要有失去朋友及金錢的心理準備了。」

「同時，我應該還會要求對方開立借據給我，將還款條件註明清

楚。」詹姆士繼續補充。

「非常好，你很理性地分析這個問題。」咪咪看起來非常開心，應該是覺得詹姆士孺子可教也：「其實你已經掌握到債券投資的精華了。不過，我們還是系統化地學習一遍。」

「拿你剛剛提到小陳的做例子。」咪咪指著牆壁上顯示出一張本票樣張：「小陳在跟地下錢莊借錢時，不是簽了本票，在本票上會註明什麼人在什麼時候要支付給什麼人多少錢，同時註明利息計算的方式。這是一種債務跟債權表達的方式。債券也是同樣的道理。」

一般常見的商業本票樣張

商用本票存根 TH № 536976		
原 因	字第　　　號 TH № 536976	記載欄
日 期	憑票准於　年　月　日無條件擔任兌付 或其指定人	
支付金額	NT$:	
受款人	新台幣	
付款地	此致	
備 註	（本本票免作成拒絕證書）	
民國　年　月　日	付款地： 發票人 發票人 地址： 地址： 中華民國　　年　　月　　日	

資料來資：Google

「如果一家公司需要一筆為期 5 年的 5 億元資金時，它可以跟銀行借錢，打借貸契約，談定利息以及約定借款期間；也可以跟社會大眾募資 5 億，談定每年付息多少，5 年後歸還債權人 5 億元的借款金額，而債券就是企業跟社會大眾借款的憑證，也就是借條。」咪咪揮動指揮棒：「這就是債券的定義。」

債券是政府、金融機構、工商企業等機構直接向社會發債籌措資金時，向投資者發行，承諾按一定利率支付利息並按約定條件償還本金的債權債務憑證。債券的本質是債務債權的證明書，具有法律效力。債券購買者與發行者之間是一種債權債務關係，債券發行人即債務人，投資者（或債券持有人）即債權人。最常見的債券為定息債券、浮息債券以及零息債券。

「當你借錢給別人時，一定會談好借多少錢？借多久？利息多少？多久付一次利息。就像你剛剛提到的，你在借錢給一個人時，一定會考慮到這個人的經濟條件，有沒有穩定的工作，借出去的錢會不會肉包子打狗，有去無回。」咪咪停頓了一下看著詹姆士：「你剛剛所考慮的那些因素，就是所謂的信用。」

咪咪繼續說：「如果這個債券的發行公司，也是就借錢的公司，信用是好的，通常投資人願意用比較低的利息借錢給這家公司；如果信用差一點，但不認為會倒帳，這時候利率就需要高一點。」

「了解每一家公司的信用狀況？聽起來有點難。」詹姆士心裡想，自己並沒有專業到能完全掌握一家公司的信用狀況，應該只能借助其他方式來判斷：「請問有沒有任何方式，可以判斷一家公司的信用好還是壞？」

「有的，可以參考信用評等公司針對發債公司和發行債券做的信用評等。」咪咪說：「信用評等的目的是顯示受評對象信貸違約風險的大小，一般由某些專門信用評估機構進行評等。」

國際三大信用評等機構信用評等表

	Moody's		S&P		Fitch	
	Long-term	Short-term	Long-term	Short-term	Long-term	Short-term
Investment Grade: Highest	Aaa	P-1	AAA	A-1＋	AAA	F-1＋
Investment Grade: Very high	Aa1		AA＋		AA＋	
	Aa2		AA		AA	
	Aa3		AA-		AA-	
Investment Grade: High	A1		A＋	A-1	A＋	F1／F1＋
	A2		A		A	F1
	A3	P-2	A-	A-2	A-	F2／F1
Investment Grade: Good	Baa1		BBB＋		BBB＋	F2／F1
	Baa2	P-3	BBB	A-3	BBB	F3／F2
	Baa3		BBB-		BBB-	F3
Speculative Grade: Speculative	Ba1	Not prime	BB＋	B	BB＋	B
	Ba2		BB		BB	
	Ba3		BB-		BB-	
Speculative Grade: Highly speculative	B1		B＋		B＋	
	B2		B		B	
	B3		B-		B-	
Speculative Grade: Very high risks	Caa1		CCC＋	C	CCC＋	C
	Caa2		CCC		CCC	
	Caa3		CCC-		CCC-	
Speculative Grade: Very near to default	Ca		CC		CC	
			C		C	
In default	C		SD／D	D	RD／D	RD

資料來源：三大信評公司，作者整理

咪咪用教學棒在牆上揮了揮：「信評機構針對受評對象金融狀況和有關歷史的數據進行調查、分析，再根據對受評對象的金融信用狀況，給予一個總體的評價。信用評等是一個高度集中的行業，目前全球最具權威、名聲最為響亮的信用評等公司有三家：惠譽（Fitch）、穆迪（Moody's）和標準普爾（S&P）。信用評等高的，叫做投資等級債券，信用評等低的，稱做高收益債券，牆上顯示的這張表格，便是三大評等機構的信用評等表。」

　　「這張表格看起來似乎很複雜，但是有判斷規則可循：A 等級優於 B 等級，B 等級又優於 C 等級。字母愈多，表示信用等級愈好。數字小的比數字大的好，例如，B1 優於 B2。信用評等高的投資等級債券，投資人通常願意收低一點的利息；高收益債券，或稱為非投資等級債券、垃圾債券，因為倒帳的風險比投資等級債券高，所以投資人會要求高一點的利息。你應該聽過『利差』（yield spread）這個名詞，它代表的就是信用風險的貼水，信用評等愈差，利差水準就愈高，利率也愈高。」

　　「那麼，是不是只要買投資等級債券，就不會有被倒帳的風險呢？」詹姆士問。

　　「這必須回頭看你是什麼評級的投資等級債，以及你投資的債券發行年期有多長。像是 AAA 幾乎不會有倒帳的風險，但 BBB 就有被倒帳的可能。」咪咪停一下繼續說：「每一家公司的營運與財務狀況，可能隨著時間改變，它的信用評等也可能跟著改變。一家公司可能在 5 年前的信用評等非常好，但是遇到經營不善，財務狀況變差，會影響到信評公司對它的評等，也就是被信評公司調降信用評等，最後也可能會被倒帳。所以，如果你準備投資單一公司的債券，就要持續關心這家公司的財務狀況，絕對不能有『買著不用管、可以安心收利息』的想

法[4]。」咪咪想了想再補充：「簡單地說，就是不能有『只依賴信評機構的信評等級來投資』的想法，投資該做的功課還是要做。」

「好麻煩哦！我乾脆買國家發行的債券就好了，政府總不會倒帳吧！」詹姆士覺得政府最有公信力了，絕對不會有問題。

「那可不一定！」咪咪笑著說：「也要看你買什麼國家的債券，過去曾經發生過部分新興國家借錢不還的事情！所以投資政府債券，還是得看信用評等的。」

「那我買中華民國政府發的債券，總不會變壁紙吧！」詹姆士有些賭氣地說。

「當然可以！如果你可以忍受未來 10 年的利息收入只有約 0.64％（2019 年 8 月底資料）的話。」

聽了咪咪的話，詹姆士的臉苦成一團，他沒想到債券投資會如此麻煩。

「投資，一定會面臨到風險的考量。什麼是風險？就是未來的不可預測性，這些不可預測性會影響到債券的價格。在我們剛剛的談話過程中，已經點出了債券投資同樣也會有風險，風險不只有信用風險，需要做全面的考量。」

「咪咪，你剛剛有提到投資債券最怕的就是被倒帳，除了信用風險，還有什麼？」

「如果我們投資債券目的是持有到到期，<u>信用風險</u>當然是最大的風險。因為被倒帳了，就是血本無歸。不過，債券投資短則 3 ～ 5 年，長

4　請參考 Part 3「安柏姐的叮嚀」。

則 10 年以上，有可能在債券未到期前，你有資金需求，必須把債券賣掉。這時候，你持有的債券在次級市場賣出債券的利率，可能會和先前買入時不一樣，所以，你會面臨**利率風險**。有時候，市場資金很緊，或是你持有的債券沒有人想接手，你也同時面臨流動性風險。另外，我們投資債券就會有利息收入，債券也會到期。在利息或本金入帳時，當時的利率可能和你買入這檔債券時並不相同，所以會有**再投資的風險**。最後，如果我們買的是外幣計價的債券，像是人民幣債券或是美元債券，換算成新台幣時，就會有**匯率風險**；沒有人能夠保證在你賣掉外幣計價債券換回新台幣時，匯率會和你買入外幣債券時相同。所以投資外幣計價的債券時，必須留意匯率風險。」

咪咪揮動教學棒，牆上顯示出債券的主要風險：

如果風險發生…

一定賠錢	可能少賺（持有至到期）	
匯率風險	流動性風險	利率風險
信用風險	再投資風險	

資料來源：作者整理

「不過，有些投資人在投資債券時只考慮利率的高低，並不太關心風險問題，尤其是匯率風險更是容易被忽略，所以有可能面臨賺到利率卻賠掉匯率的情況。」

聽到咪咪講解到這部分，詹姆士覺得有些不好意思。一開始他的確

債券的主要風險可分為：信用風險、利率風險、匯率風險、再投資風險、流動性風險。當信用風險發生時，也就是債券發行公司發無法付息還款，債券的投資人會承受一定程度的損失。當領息時或還本或要將外幣投資轉換成台幣時，若新台幣相對投資的外幣是升值的，那麼兌換新台幣必然產生匯兌損失。此外，在持有至到期的概念下，若持有期間市場有流動性風險和利率變動等情況發生，並不影響債券投資人持有至到期的投資收益。不過若持有債券期間利率持續下降，則可能面臨利息收入再投資時的利率，低於原始投資時利率的情況。

也認為投資債券，選擇利率高的就行，沒想到這樣的思維反而是風險最大的。

「另外，不同類型債券的主要風險也不全然相同，因此，投資時著重分析的重點也會不同。以海外市場為例，如果你是持有美元做投資，」咪咪切換另一張投影片：「投資美國政府公債時，貨幣政策的判斷會是重點；但投資高收益債券時，分析是否違約比較重要。」

不同類型債券面臨不同風險示意圖(以美元為計價基礎)

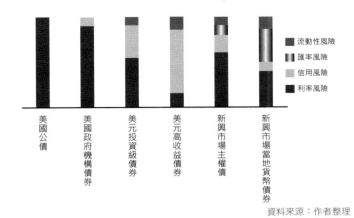

資料來源：作者整理

「要怎樣做才能降低這些投資風險呢？」詹姆士覺得這才是重點，雖然投資有賺有賠，但已經知道風險存在，當然要設法降低。

　　「嗯！每種風險都有可以判斷和降低風險的方式。對一般投資人來說，買單一債券的風險是比較大的，其中，信用風險是投資債券最需要留意的，畢竟一旦被倒帳，就不是違約率的高低，而是 100％賠錢。不過最簡單的方式是透過買 ETF 或是投資共同基金，可以分散許多債券的風險。」咪咪揮動教學棒關閉牆上的投影資料：「今天的課程就到這兒告一段落。下一堂課，我們再深入了解債券投資的其他基本常識。」

咪咪老師的筆記小箋

🐾 債券分類：

  ▶ **根據信用評等：**
    ○ 投資等級債：BBB- 以上
    ○ 高收益債券／非投資等級債券：BB+ 以下

  ▶ **根據發行人：**
    ○ 政府發行「政府公債」、「主權債」
    ○ 公司發行「公司債券」，即「企業債」
    ○ 銀行發行「金融債券」

  ▶ **根據發行國家經濟狀況：**
    ○ 已開發國家債券
    ○ 新興國家債券

  ▶ **根據發行天期：**
    ○ 3 年券／ 5 年券……
    ○ 沒有到期日：永續債券

  ▶ **根據發行利率：**
    ○ 固定利率債券
    ○ 浮動利率債券、結構利率債券

🐾 **驅動債券價格變動的主要因素**

  ❶ **經濟成長：**

    在經濟呈上升趨勢時，企業通常傾向增加投資而需要籌資，企業
    籌資管道包含發行股票、銀行貸款、發行債券，企業的籌資行為
    將使市場的資金趨緊，同時間債券的供給量增大，將引起債券價

格下跌。當經濟不景氣時，企業對資金的需求減少，金融機構則會因企業的貸款減少而出現資金剩餘，在去化資金壓力下，可能增加對債券的投入，債券價格將上漲。當一國政府因應經濟變化而調整貨幣政策或財政政策時，往往會引起市場資金供給量的變化，導致利率、匯率跟隨變化，從而引起債券價格的漲跌。

❷ 通貨膨脹：

通貨膨脹上升時，投資人會預期中央銀行的貨幣政策可能傾向緊縮，市場利率可能上揚，造成債券價格下跌。

❸ 票面利率 vs. 殖利率：

當殖利率高於債券的票面利率，債券價格將會低於面額；若殖利率低於債券的票面利率，債券的價格將會高於面額。當殖利率上升時，債券價格下跌；當殖利率下跌時，債券價格上揚。

❹ 企業的信評等級：

債券發行者的信評等級愈高，其債券的違約風險就愈小。若是在債券到期前，該發債企業發生信用評等被降等時，會連帶影響投資人對該企業發行債券的持有信心，此時發生債券價格下跌的可能很大。反之，若是企業的信用評等被升等，投資人會更加願意持有它發行的債券，債券價格就會上漲。由於專業投資人會定期檢視發債機構的財務體質，可以預判企業的信用評等是否有變化，並在次級市場買賣交易；在實務上，當信用評等公司發布信評調整時，次級市場上相關的債券價格多數已經反映信用評等調整的結果。因此，在預判企業不會發生違約的情況下，有些投資人會將信用機構的調整時機，做為反向操作的訊號之一。

❺ 政治風險：

當投資人認為政治風險升高時，將影響投資人持有該國債券的信

心，促使債券的持有人賣出債券。

❻ **投資人情緒：**

一般而言，投資人若有風險趨避心態，傾向持有政府公債或信用評等較高之債券；若風險偏好上揚，則傾向高收益債券。

🐾 利率變動對利息收入的影響：

利率變動，不影響實際收入

市場利率6%

市場利率4%

利息40,000　　利息40,000　　利息40,000

本金1,000,000

平價買入3年期票面利率4%的債券 1,000,000元

市場利率2%

資料來源：作者整理

假設期初平價（100 元）買入面額 1,000,000 元、3 年期、票面利率 4% 的債券，代表未來每年可收到 40,000 元的利息。在這段期間，不論市場利率上揚至 6％，或是下跌至 2％，都不會影響投資這檔債券的利息收入。因此，對投資債券持有至到期日的投資人而言，利率的變動並不影響他們的實際利息收入。

🐾 海嘯期間各類指數漲回前次高點所需時間（以下皆為含息指數總報酬率）

MSCI 世界股票指數

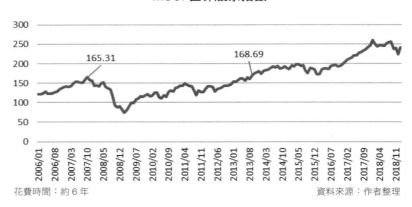

花費時間：約 6 年　　　　　　　　　　　　　　資料來源：作者整理

美國標普 500 指數

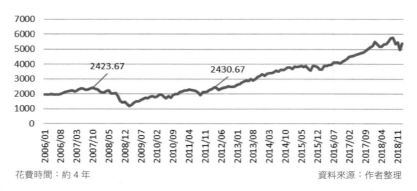

花費時間：約 4 年　　　　　　　　　　　　　　資料來源：作者整理

台灣加權股價指數

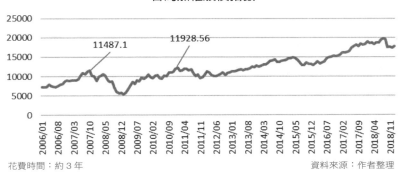

花費時間：約 3 年　　　　　　　　　　　　　　　　　資料來源：作者整理

MSCI 新興市場股票指數

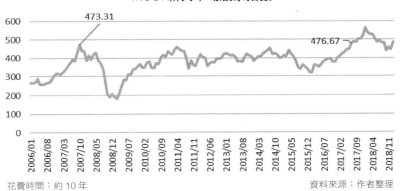

花費時間：約 10 年　　　　　　　　　　　　　　　　　資料來源：作者整理

美國高收益債券指數

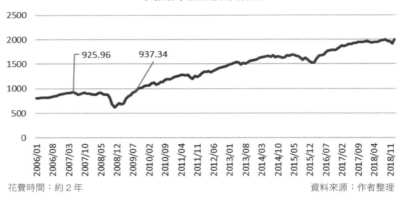

花費時間：約 2 年   資料來源：作者整理

全球高收益債券指數

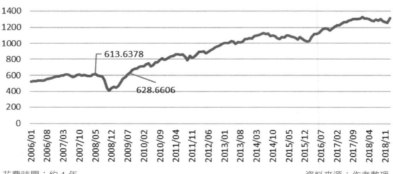

花費時間：約 1 年   資料來源：作者整理

美元新興市場債券指數

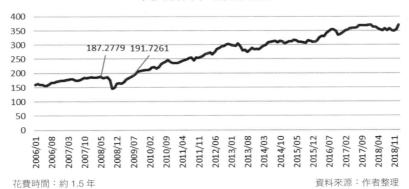

花費時間：約 1.5 年 　　　　　　　　　　　　　　　　資料來源：作者整理

　　以上幾張圖表顯示，由於債券的價格波動度小於股票，同時在利息收入的保護下，債券指數的價格回復能力普遍優於股票指數。

安柏姐的碎碎唸

🐾 理專跟我說風險很低，為什麼還會賠錢？

「許副總，請問可以耽誤你一點時間嗎？」某次投資展望說明會後，一位聽眾走到我身旁，那是一位看起來很慈祥的老伯伯。

「好的，請說。」我很習慣在每次的說明會後，被老先生或老太太「圍堵」，他們的問題通常五花八門。

老伯伯把他手中的資料攤在我面前，那是一檔同業境外投資等級債券基金的淨值走勢，前陣子淨值下跌很多。看到這張圖表，我大概猜得到老人家想問什麼問題。

「去年，我的理專建議我買這檔基金，他說這檔基金過去的績效很好，而且這是投資等級債券基金，所以風險很小。不過，既然風險很低，為什麼最近跌這麼多？」老伯伯的口氣有點急：「許副總，這檔基金的經理人到底行不行啊？我是不是應該把這基金賣掉，改投資你的基金啊？」

顯然老伯伯認知的風險，和理專口中的風險是兩碼事。我猜，當初他的理專所說的風險是信用風險，指的是投資等級債券違約的風險比較低；但老伯伯認知的風險，指的是賠錢，或是價格下跌的可能性比較低。這是投資人常常會誤會的地方。就像是波動度低的基金，也不代表不會賠錢。

「依這檔基金經理人過去的績效表現，和這家基金公司的投資風格和流程，我相信他們的操作是非常嚴謹穩健的。」我翻開自己隨身的資料本，拿出近期的債券指數報酬表，指著最近的指標表現為老人家做進一步說明：「最近投資等級債券的確表現比較差，主要是因為美國聯準會可能會開始縮減資產負債表，也就是開始從市場抽資金，投資人的預

期心理造成美國政府債券殖利率大幅反彈，所以連帶影響到投資等級債券的表現。你投資的基金表現已經比指數好很多了。」

「可是我的理專說風險很低啊？」老伯伯還是很糾結。

「你理專所提的風險，可能指的是信用風險，也就是倒帳的風險，這部分的風險，投資等級債券的風險的確比較低。不過，投資等級債券基金遇到市場波動時，尤其像是美國政府公債殖利率反彈的時候，還是有可能下跌的。」

「我是不是應該賣掉它？」顯然老先生還是不能接受債券基金淨值會下跌的事實。

「如果我是你，我不會賣掉它。原因有幾個：第一，這是債券型基金，本來就需要時間來累積利息，雖然最近市場有修正，但是我認為是市場過度反應，現在賣掉有可能賣在低點。第二，你買的是美元計價的級別，這檔基金投資的全是美國企業發行的美元債，你沒有匯率風險。第三，這個經理人和投資團隊的績效長期以來都很穩健，也都穩定打敗它的參考指標，是一檔不錯的基金。」

「賣掉它再買你操作的基金，會不會回本得更快？」老先生還是試圖想獲得獲利的保證。

看來剛剛的演講內容打動了老人家的心，對我雖然是一種肯定，但該提醒的風險還是必須告知：「謝謝你相信我，不過我這檔基金的風險屬性和你現在持有的並不一致，我操作的基金是屬於風險等級較高的類型，我們需要做進一步的風險評估，來確認你是否適合投資我的基金。建議你和我們公司的理財人員聯繫，他會給你更貼近需求的建議。」

雖然，我也希望自己操盤的基金規模增加，不過，我更希望投資人買到適合自己的基金商品，而且是在了解產品的情況下投資。

【咪咪老師的隨堂考】

1、請用你的話回答「什麼是債券」？

2、如果有一天，你的朋友跟你借 100 萬元，請問你會考慮哪些因素決定是否借他這筆錢？

3、請寫出下列評等是屬於投資等級（investment grade, IG）債券？還是高收益（high yield, HY）債券？

   Aa1、BBB、Ba1、Baa3、CCC+、BB+、AAA

4、請將下列評等，由「最低排至最高」。

   Baa1、AA-、Aa1、BBB、Ba1、Baa3、CCC+、BB+、AAA、Caa3、BBB+、B3

5、下列論述，哪個是對的？（A）投資等級債券一定不會倒帳。（B）政府債券一定不會倒帳。（C）高收益債券的殖利率比投資等級債券高，是因為高收益債券的信用風險貼水比投資等級高。（D）一家公司的信用評等一旦決定後，就不會改變，所以買入債券後，就不需要關心債券的信用變化，安心領利息就好。

6、債券的「主要」風險有信用風險、利率風險、匯率風險、再投資風險、流動性風險。請問：小明以美元買了蘋果公司以美元發行的 10 年期債券，小明這筆投資不會面臨哪一種風險？

7、小華在讀完第六課後，很認真整理筆記，不過他的筆記有些錯誤，可以麻煩你指出錯誤，並且寫出正確答案嗎？

（A）債券的信用風險發生時，不一定會賠錢。

（B）買入一檔債券打算持有至到期日，每年收取的利息收入，還是會受到市場利率變動的影響。

（C）國際市場上，投資等級債券指信用評等在 BBB+ 或 Baa3 以上的債券。

（D）新興國家政府債券的發行人是一個國家的政府，所以不會有信用風險。

（E）投資等級債券的風險比高收益債券小，是因為投資等級債券價格下跌的幅度，一定比高收益債券小。

（解答請見附錄）

投資的第七課
失之毫釐、差之千里，
關於債券很基本、很重要的事！

今天是星期五，因為要上咪咪老師的課，所以詹姆士無法和朋友出去狂歡。但是他這陣子對於投資愈來愈有感覺，對於周五夜晚不能出去喝一杯，一點也不在意。

不過，周五的晚上詹姆士還是想喝一杯，所以下班順便帶了一些下酒小菜，準備在下課後輕鬆一下。當然，詹姆士也順便幫咪咪買了它最愛的「貓倍麗」罐頭。

回到家，詹姆士就看到咪咪懶懶地躺在地板上，一點都沒有上課時精明幹練的模樣。

「嗨！咪咪！我回來了，有你最愛的『貓倍麗』哦！」詹姆士將包包放在沙發上，從購物袋中拿出『貓倍麗』，諂媚地笑著。咪咪可以說是他個人財富的再造父母啊！「你要現在吃嗎？還是下課再吃？」詹姆士詢問咪咪的意願。

「哦！耶！『貓倍麗』！當然要現在吃。」看見最愛的食物，咪咪雙眼放亮，但還是優雅地慢慢走向詹姆士，在他腳邊蹭啊蹭地：「今天上課時間可能會長一些，需要先補充熱量。」

「今天要上什麼？」詹姆士將罐頭打開，蹲下來將食物放在咪咪的貓碗中。

「那天我們大致聊了債券的基本樣貌，今天要加入一些計算，依我對你的了解，你可能需要花比較長的時間去了解。」咪咪吃了一口『貓

倍麗』，一臉心滿意足的幸福樣。

「什麼？計算？」詹姆士最討厭計算了。

「放心，都是一些很簡單但是很重要的計算。如果你把這些觀念弄清楚，對於未來做債券投資，在判斷上是很有幫助的。」咪咪說。

「好吧。」為了美好的將來，詹姆士決定接受挑戰，雖然有時候他連計算機都可能按錯。

「我們先吃晚餐吧！」詹姆士看了剛剛買的下酒小菜，它們實在不適合現在食用。為了保持頭腦清醒，他進入廚房準備幫自己煮個清淡的蔬菜湯，順便也幫咪咪倒了牛奶。

「請問，投資債券的投資目的是什麼？」八點一到，咪咪的教師魂馬上上身，完全看不到一絲慵懶氣息。

「賺利息啊！」詹姆士覺得這個問題有辱他的智商，好歹這段時間他很認真上課，而且努力做功課。

「嗯！所以，我們在投資債券時，利率是很重要的因子，對吧？」咪咪看到詹姆士點頭回應後，繼續問：「那麼，投資債券時，你覺得應該看什麼利率？」說完，咪咪用指揮棒在牆上輕輕一點，出現兩個名詞：

票面利率　vs.　殖利率

「啊？」詹姆士看得一頭霧水：「殖利率是什麼？」

「殖利率是當你買入一檔債券，並持有至到期日的年化報酬率，簡單的說，就是投資債券的實際年化報酬率。」

「蛤？利息收入計算不是根據票面利率嗎？票面利率不就應該是投資債券的報酬率嗎？」詹姆士覺得被咪咪搞糊塗了。

「我們來做個情境模擬，」咪咪並沒有馬上回答他的疑問，而是用其他例子說明：「假設你是一間信評等級 AA 企業的老闆，你計劃做一項新的投資，需要資金 50 億元。經財務部門分析後，你們認為利率再走低的機率不高，所以你決定發債籌資，以便鎖定低利率的發債成本。7 月 1 日你的公司發行一筆 5 年期、總金額 50 億、票面利率為固定利率 3％、每年付息一次的債券。請問：你每年的利息費用是多少？」

「這個簡單：50 億 ×3％ ＝ 1.5 億。」

「假設一個月後，另一家和你規模、信評相當的同業，也發行 5 年期的債券，發行時的市場利率變成 5％，請問對你的公司而言，會不會有影響？」

「當然不會，因為我的公司發行的債券，票面利率寫得很清楚是 3％，不可能因為市場利率變動而改變。」

「那是因為票面利率載明是『固定利率』哦！如果是『浮動利率』還是會受到影響的。」咪咪提醒詹姆士。

「不過針對你剛剛的問題，我的回答是，不會受到影響。」詹姆士很肯定的回答。

「很好。」咪咪點點頭繼續問：「我們現在將角色做個轉換。假設你現在是一個債券投資人，7 月 1 日「開心企業」發行 50 億、5 年期的公司債，票面利率是 3％。你有些心動，但需要一些時間想想。假設，考慮一個月後，你決定要買開心企業的公司債，但是市場報價相同天期、相同信評等級的債券殖利率是 5％，請問：你還願意用 3％的利率

來買開心企業的公司債嗎？」

　「當然不可能！有 5％利率，當然要用 5％的利率買。」詹姆士停頓了一下，覺得有些怪怪的：「不過，票面利率已經是註明 3％了，要怎麼做才能拿到 5％的利率。」

　「有兩個方式：再找另一家信用品質相當、發行天期一樣，但票面剛好是 5％的公司債。」咪咪搖了搖頭：「但這要靠運氣。最簡單的方式是要求銷售開心企業公司債的人，把這利率的差距折算到成交價格上——也就是成交利率必須是 5％，這個利率就是市場的利率，即債券交易的利率，也就是殖利率。一般來說，債券的價格是用 100 元報價，你要求 5％的利率比票面利率 3％來得高，所以這筆交易的價格價會低於 100 元。從這裡你也可以發現，債券的價格和殖利率呈反向關係，也就是說，當殖利率往上的時候，債券的價格會下跌；當殖利率往下時，債券的價格會上漲。」

債券殖利率與債券價格呈反向關係

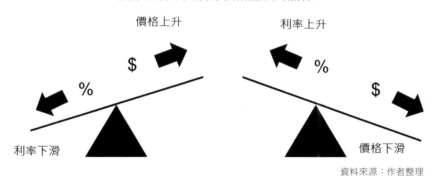

資料來源：作者整理

債券百元報價示意圖

債券名稱/票面利率/到期日/付息頻率 CODE / SECURITY DESCRIPTION	交易商的買價 BID ($)	交易商的賣價 OFFER ($)	最新成交價 LAST TRADE ($)	票面利率 COUPON (%)	到期日 MATURITY/ TRIGGER DATE
GSBE47 TREASURY BOND 3.00% 21-03-47 SEMI	86.15	86.95	86.95	3.00	Mar-47
GSBG24 TREASURY BOND 2.75% 21-04-24 SEMI	99.70	99.74	99.73	2.75	Apr-24

資料來源：ASX.com, 2023.05.15；作者整理

「另外，我們現在談的殖利率是債券的『到期殖利率』（yield to maturity；YTM），代表我們買入這筆債券持有至到期的年化投資報酬率。」

「所以，我是投資人，就要看『殖利率』，這是我的買入的利率，也就是我的投資成本。如果我是債券發行公司，我在意的利率是『票面利率』，那是我的利息成本。」詹姆士恍然大悟，他覺得債券投資的觀念蠻有意思的。

「大致上是這樣沒錯。這裡再順便告訴你一個概念：企業發行時，（1）如果投資人買入的殖利率＝票面利率，成交的價格等於 100 元，稱為平價發行；（2）如果投資人買入的殖利率＞票面利率，成交的價格會低於 100 元，稱為折價發行；（3）如果投資人買入的殖利率＜票面利率，成交的價格會高於 100 元，稱為溢價發行。」

「咪咪，可以請你告訴我，怎麼計價債券價格嗎？」一股想要更加了解債券的欲望，驅使詹姆士向咪咪提出要求。

詹姆士的話讓咪咪笑了，很討厭數學計算式的他，竟然主動要求了解債券價格的計算方式，難怪咪咪感到開心。

「債券價格計算並不難，首先要有現金流的概念，再來就是要有折現的概念。請問你現在的 100,000 元，和 1 年後的 100,000 元，價值一樣嗎？」

「都是 100,000 元，不是嗎？」詹姆士覺得咪咪這個問題很怪。

「我換個方式問好了，如果你媽媽要給你 100,000 元，你要現在拿到 100,000 元，還是一年後再拿到這 100,000 元？」

「當然是現在啊，落袋為安，至少放在銀行還可以生利息。」詹姆士心想，依照媽媽的個性，一年後可能會變卦不給他這筆錢呢！

「這就對啦，一年的時間，是有一年的時間價值的，一年後的 100,000 元絕對不會等於現在的 100,000 元。只是，這中間差距的時間價值，有可能是一年期的銀行定存利率，也有可能是你投資債券的殖利率。如果，你的時間價值是一年期的銀行定存利率 1%，那麼，一年後的 100,000 元，它的現在價值，也就是現值，就是『金額 ÷ 一年期銀行定存利率』，等於 100,000 ÷（1+1%）= 99,009.90。如果是兩年後的 100,000，它的現值就要將複利的概念考慮進去，等於先將兩年後的 100,000 折現到 1 年後，再折現到現在，2 年後 100,000 的現值就是『金額 ÷（一年期銀行定存利率）2 』，等於 100,000 ÷（1+1%）2 = 98,029.60」咪咪在牆上投影出現的示意圖跟詹姆士說明：

債券價格是「將未來所有現金流折現」的觀念

時間現值計算（一）

?   100,000

一年後的 100,000 的現值
100,000÷（1 + 1%）=99,009.90

時間現值計算（二）

?   ?   100,000

二年後的 100,000 的現值
100,000÷（1 + 1%）^{2} =98,029.60

「我們回到債券價格如何計算。」咪咪秀出一張投影片：「假設你平價買入 1,000,000 元、3 年期票面利率 4% 的債券。在正常情況下，你每年可以收到 1,000,000× 4％ ＝ 40,000 的利息，3 年後，你除了最後一筆 40,000 元的利息之外，你還可以把投入的 1,0C0,000 元本金拿回來。所以，這筆投資，你的利息收入總共是 40,000× 3 ＝ 120,000。」

「但是在買入當天，債券市場因為某些因素影響，利率大幅度往下走，你持有的債券殖利率報價降到 2%。你知道殖利率往下走，代表債券的價格往上，你想要獲利了結，當然不是用 4% 賣出，而是用 2% 賣出；但是發債公司給付利息是未來定期給付的，本金也是 3 年後才會給。這時候，我們必須分別把 1 年後、2 年後、3 年後的現金折算到現在這個時點，像這張圖就是畫出整個債券的現金流量情況。

「我們舉的例子是 3 年期的債券，用紙筆就可以計算，但若是長年期的債券，我建議用 excel 計算。」咪咪在牆上秀出一張 excel 表。

「將每個現金流折現到現在這個時間點：第一年為 40,000÷（1+2％）＝ 39,215.69；第二年為 40,000÷（1+2％）2 ＝ 38,448.75；第三年為（1,000,000+40,000）÷（1+2％）3 ＝ 980,015.23，最後再加總所有現金流的現值，得到 1,057677.67，這 1,057677.67 是以殖利率 2% 賣出這張債券的成交總值，因為交易的面額是 1,000,C00 元，要計算百元價額，便是將 1,057677.67 除以 1,000,000，再乘以 100，便可以得到百元除息價 105.7678。」

買入 3 年期票面利率 4% 的債券的現金流示意圖

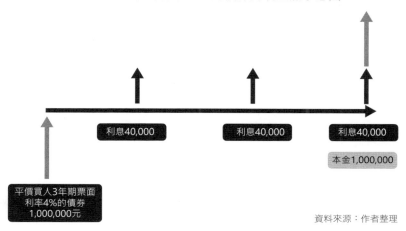

資料來源：作者整理

債券百元價格計算 - 發行日與交易日、交割日為同一日 - 無前手息

發行公司	幸福企業	發行日期	2019/7/1	發行年期	3
票面利率	4%	到期日期	2022/7/1	下次付息日期	2020/7/1
殖利率（YTM）	2%	付息頻率（次/年）	1	百元價	105.77
交易日期	2019/7/1	交易金額	1,000,000	除息百元價	105.77
交割日期	2019/7/1				

年期	利息	本金	現金流量	折現因子	現值
1	40,000		40,000	1	39,215.69
2	40,000		40,000	2	38,446.75
3	40,000	1,000,000	1,040,000	3	980,015.23
				合計	1,057,677.67
				前手息	0
				除息金額	1,057,677.67

資料來源：作者整理

「這個例子，我們是假設發行日買入，當天就賣出，而且交割日和交易日是同一天，所以前手息為零。每個國家對於債券在交易成交後幾天交割，也就是幾天後交錢拿貨，或是交貨拿錢，有不同的規定。台灣是規定交易後兩天（T+2）交割。假設我們是 8 月 1 日由次級市場買入開心企業的債券，價格計算就會變成這張表所示，因為交易日和發行日並不相同，所以必須考慮前手息，除息後的百元價為 105.60。」

債券百元價格計算 - 交易日與交割日為兩個領息日之間 - 須考慮前手息

發行公司	幸福企業	發行日期	2019/7/1	發行年期	3
票面利率	4%	到期日期	2022/7/1	下次付息日期	2020/7/1
殖利率（YTM）	2%	付息頻率（次／年）	1	百元價	105.96
交易日期	2019/8/1	交易金額	1,000,000	除息百元價	105.60
交割日期	2019/8/3				

年期（t）	利息	本金	現金流量	折現因子[6]	現值
1	40,000		40,000	0.909836066	39,285.77
2	40,000		40,000	1.909836066	38,515.46
3	40,000	1,000,000	1,040,000	2.909836066	981,766.59
				合計	1,059,567.82
				前手息[5]	（3,606.56）
				除息金額	1,055,961.26

資料來源：作者整理

5　前手息：債券發行公司會在固定的日期發放利息，但是市場交易可能在兩次領息日之間進行，因此，在次級市場交易時，債券買家必須先行支付債券賣家該債券交割日至前次領息日之間的利息，稱為「前手息」。等到領息日到期，債券買家就可以領到全期間的利息。此處的前手息計算為：2019/7/1~2020/7/1 共 366 天；2019/7/1~2019/8/3 共 33 天，前一位投資人持有 33 天，所以要先付 33 天的利息給他＝ 40,000÷366*33 ＝ 3,606.56

6　折現因子的計算說明：
2019/7/1~2020/7/1 共 366 天；交割日距下次領息日 2019/8/3~2020/7/1 剩 333 天；折現因子為 333÷366 ＝ 0.909836066…

「現在，你了解債券價格怎麼計算了吧？」見詹姆士點點頭，咪咪舒了一口氣，搖著尾巴：「唉呀，主人，今天的上課時間會比較長，我們先休息一下吧！請問『貓倍麗』罐頭還有嗎？我需要補充熱量。」

詹姆士真心認為咪咪剛剛絕對看到他買了五罐貓倍麗。

聽見咪咪大人這麼說，他趕緊到廚房將貓食準備好，順便替自己沖杯咖啡。今晚的資訊量太多，他需要清醒些。

在咪咪再度享受最愛的食物時，詹姆士認真地把今天咪咪提的計算方式重新計算一遍，也試著變化不同的票面利率殖利率和到期日，當他覺得自己完全搞清楚時，咪咪也休息完畢了。

「好了，我們乘勝追擊。接著探討債券另一個很重要的數字——存續期間。」

「存續期間？」詹姆士嘗了一口咖啡，發現它已經冷了，變得有點苦澀，他不自覺地蹙著眉頭。

「在買入債券時，等於是我們借錢給一家公司、銀行或是政府。除非你在債券到期前賣掉，否則直到債券到期前，我們不可能拿到本金。但是從我們買入債券至到期前，會在固定的時間收到利息。每收到一筆利息，就代表一部分的本金回到我們的口袋，也代表我們的風險少了一些。存續期間簡單地說，就是我們投資一檔債券回本的期間。」

「存續期間應該可以計算吧？」詹姆士直覺認為可以。

「可以利用剛才計算債券價格的 excel 表再做延伸計算，在這張試算表的右邊，加上一欄「現值×（t）」，也就是把每年的現金流的現值，乘上它對應的年期，這是一種加權平均的概念，得到的是 Macaulay Duration 就是加權平均的到期平均年限，也就是我們剛剛提到的持有債

券回本期間。所以，這檔幸福企業的 3 年期債券，平均回本期間就是
2.8895 年。」

債券存續期間的計算

發行公司	幸福企業	發行日期	2019/7/1	發行年期	3
票面利率	4%	到期日期	2022/7/1	下次 付息日期	2020/7/1
殖利率 （YTM）	2%	付息頻率 （次／年）	1	百元價	105.96
交易日期	2019/8/1	交易金額	1,000,000	除息 百元價	105.96
交割日期	2019/8/3				

年期（t）	利息	本金	現金流量	折現因子	現值	現值＊（t）
1	40,000		40,000	0.909836066		39,285.77
2	40,000		40,000	1.909836066		77,030.92
3	40,000	1,000,000	1,040,000	2.909836066		2,945,299.77
				合計	1,059,567.82	3,061,616.46
			現值		1,059,567.82	
			現值＊（t）		3,061,616.46	
		Macaulay Duration	（現值＊（t）／現值）		2.889495517	
		Modified duration	Macauly Duration/ （1 + YTM）		2.832838742	

資料來源：作者整理

「咪咪，請問 Modified Duration 和 Macaulay Duration 有什麼不同？」詹姆士站起來指著投影片上 Macaulay Duration 下方的名詞請教咪咪。

「我們前一次上課有談到債券投資有五大風險：利率風險、信用風險、匯率風險、再投資風險以及流動性風險。Modified Duration（MD，

修正後存續期間）是用來衡量債券的利率風險。債券的價格和殖利率（YTM）呈反向關係，修正後存續期間便是衡量：『當債券殖利率下跌 1bp（1bp ＝ 0.01％），債券價格會上漲多少的指標。金額的計算公式 ＝ MD× 債券的成本 ×0.01％。以幸福企業為例，它的修正存續期間約是 2.8895 年，如果殖利率下跌 1bp，這張 100,000,000 元的債券，價格會上漲 2.8995× 100,000,000× 0.01％ ＝ 28,895 元。修正存續期間的數字愈大，表示存續期間愈長，價格也愈容易受到利率波動的影響；相反的，修正存續期間的數字愈小，表示存續期間愈短，價格也愈不容易受到利率波動的影響。投資債券時，只要知道債券的存續期間，你便可以輕鬆算出殖利率變動時，債券價格上漲或下跌多少錢。」

「也就是說，債券的存續期間愈長，代表利率風險愈大；如果存續期間愈短，利率風險愈小。」

「如果你有印象，前一堂課我們有提到債券的信用評等，信用利差（yield spread，信用債殖利率和公債殖利率的差距），便可以用來衡量信用風險貼水；通常信用等級愈差，信用利差也就愈大，許多投資人會依據信用利差的水準做為信用債券是否值得投資的判斷依據，例如若是信用利差高於某個歷史平均水準，認為評價相對便宜，而這個歷史的平均水準可能是 400 個基本點、600 個基本點或是其他數值，則需要看債券的條件而定。」

詹姆士懂了，債券每個風險都有它的評估方式及依循規則。同時，他想到另一個問題：「這個概念也可以延伸到債券基金和債券 ETF 吧？」

「是的，沒有錯。了解債券的基金概念，我們也可以用來研究債券基金及債券 ETF。現在資產管理公司為了吸引投資人，推出不少特殊

型的債券基金或債券 ETF，這些新型態的商品，只要你對債券有清楚的概念，也可以做出合理的分析和判斷。」

這天下課之後，詹姆士又詢問了咪咪一些有關債券的問題，他將所學整理成一些簡單的規則：

債券小規則

❶ 債券價格與殖利率呈反向關係。

❷ 債券買入時的殖利率，就是持有至到期日的年化投資報酬率。

❸ 債券投資原始目的是賺取利息，利息需要靠時間累積。

❹ 存續期間愈長，代表債券價格愈容易受到市場利率波動影響，代表利率風險高。

❺ 利差可以是信用債券進場的參考指標，例如，長期而言，美元高收益債券／非投資等級債券的利差，很少低於 400bps，若低於此一水準，可以考慮獲利了結。長期利差很少高於 800bps，若發現利差高於此一水準，是很好的長期進場點。

❻ 依據過去經驗，在沒有匯率的影響下，債券指數連續兩年負報酬的機率很低。

❼ 只要債券不違約，持有至到期為投資目的情況下，不需要太在意市價變動。因為到期便能拿回本金，價格會回到 100 元。

例如：Walmart 在到期日期前，債券價格曾到 100.75 元，但隨著到期日接近，市場交易價格逐漸趨近於 100 元。

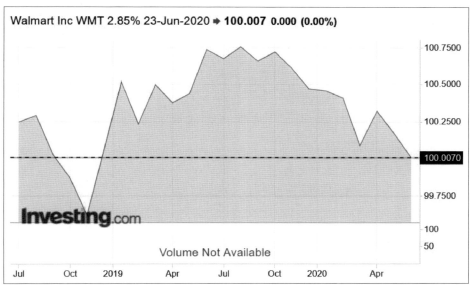

資料來源：Investing.com

🐾 利差收斂,債券價格一定上漲?

我們常常可以在報章雜誌上看到類似下列的債券分析評論:

「……未來利差有收斂的機會,因此建議投資人可以分批布局,參與債券價格的上漲……」事實真的是如此嗎?

請大家先思考以下兩種情況:

(1) A 公司因信用展望正向,獲得評等調升的可能性極大,利差由 500bps 下滑到 400bps。

(2) A 公司財務體質健全、產業及公司長期發展前景良好,但受全球景氣下滑、市場對信用債券看法悲觀影響,利差由 400 bps 上升至 500bps。

你會認為上述兩種情境,哪個情況下 A 公司的債券價格會上漲?

答案是不一定。

第一個情況有可能是公債殖利率由 2% 上漲至 4%,雖然信用利差收斂,但 A 公司的債券殖利率會由 7% 上升至 8%,債券價格反而下跌。

第二個情況有可能是公債殖利率由 4% 下跌至 2%,雖然利差擴大,但 A 公司的債券殖利率會由 8% 下滑至 7%,債券價格反而上漲。

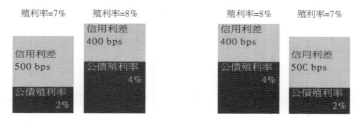

利差由 500bps 收斂至 400bps　　利差由 400bps 上升至 500bps

提醒大家:債券價格與「殖利率」呈反向關係,利差收斂不一定賺錢;利差擴大不一定賠錢,殖利率才是重點,不要被行銷術語給洗腦了。

安柏姐的碎碎唸

🐾 怕股票會跌，就買債券？

你是否曾經有過類似的想法：股票價格和債券價格走勢為負相關，如果股票下跌，把錢轉到債券就好。

請看看下表的股債相關性，你會發現，上述想法可能會有致命錯誤。以 MSCI 世界指數為例，只有美國政府公債指數和它是負相關，其他資產，包含台灣投資人耳熟能詳的高收益債券和新興市場債券，和 MSCI 世界指數都是正相關——也就代表在股票市場下跌時，你持有美國政府公債以外的債券，賠錢的可能性還是高的。

2009/12 ～ 2019/12 股債相關性

	美國政府公債指數	美國公司債指數	美國高收益債券指數	美國標普500 指數	MSCI世界指數	新興市場綜合債券指數	MSCI 新興股票指數
美國標普500 指數	-0.451	0.107	0.739	1	0.975	0.473	0.748
MSCI世界指數	-0.416	0.197	0.81	0.957	1	0.61	0.87
MSCI 新興股票指數	-0.263	0.313	0.761	0.748	0.87	0.717	1

資料來源：MSCI、S&P、美林，作者整理

這樣想當然耳的「常識」，其實不只一般人會誤解，連一些經理人也可能犯這類的謬誤。安柏姐印象深刻，在 2008 年金融海嘯那年，有位經理人在投資檢討會議中報告：「我早就判斷新興股市會修正，所以大幅度減碼新興市場股市，加碼新興市場債券。這樣策略是對的，因為股票跌時，債券會漲。但是這次市場回檔是因全球金融市場系統性風險造成，連新興市場債券都大跌，因此績效的表現並不如預期的好……。」

安柏姐聽到這樣的解釋當場有些錯愕，我猜想，他的新興市場股債指數負相關的想法，應該是源自於『長期而言，美國股票指數與公債價格指數呈負相關』這個概念上。如果那位經理人有做簡單的相關性的印證，應該不會說出上述那段話。如同下表所示，新興市場股票指數和新興市場綜合債券指數的相關性高達0.6以上，並不是他想像的負相關。因此，若是他想降低整個投資組合的風險，應該是拉高現金部位，或是買入美國政府公債、做相關的期貨避險，而不是將新興市場的股票部位，轉換到新興市場債券部位。

當然，這類功課做得不足的基金經理人，畢竟是少數，就算是一時幸運當上了基金經理人，大概也沒有辦法在這競爭激烈的資產管理業長久生存下去，多數的經理人還是非常專業的。

1998/12 ～ 2008/12 股債相關性

	美國政府公債指數	美國公司債指數	美國高收益債券指數	美國標普500指數	MSCI世界指數	新興市場綜合債券指數	MSCI新興股票指數
美國標普500指數	-0.326	0.167	0.621	1	0.961	0.551	0.809
MSCI世界指數	-0.534	0.254	0.707	0.961	1	0.61	0.902
MSCI新興股票指數	-0.271	0.298	0.693	0.809	0.902	0.633	1

資料來源：MSCI、S&P、美林，作者整理

【咪咪老師的隨堂考】

1、請將「殖利率」與「票面利率」放入以下定義中：

（A）當你買入一檔債券，並持有至到期日的年化報酬率，簡單說，就是投資債券的實際年化報酬率。

（B）企業償還所發行的債券利息成本計算依據。

2、ABC 公司在 2020/5/20 發行一檔 3 年期利率、每年付息一次、票面利率 5% 的債券，由於投資人認購狀況踴躍，所以發行當天的殖利率為 4%，你投資了新台幣 1,000,000 元，請問：（A）每年你可以領到多少利息？（B）這個債券在發行當天的價格是 99.78 元、102.78 元、還是 100 元？（C）這檔債券是折價發行？還是溢價發行？

3、關於存續期間的敘述，下列何者有誤？

（A）可以視為持有債券的平均回本期間。

（B）可以用來衡量債券的利率風險。

（C）存續期間通常比實際到期年限來得長。

4、小華投資安碩（iShares）的非投資等級債券基金 ETF —— HYG；假設 HYG 的存續期間是 3.78 年，某一個交易日 HYG 的殖利率下跌 10 個基本點（bps），如果前一日的收盤價是 100 元，請問 HYG 的價格變動大約是多少？報酬率約是多少？

5、喜羊羊幫忙大家整理了第七課的上課重點，不過有 3 個重點有誤，你可以幫忙更正嗎？

（A）債券價格與殖利率呈正向關係，殖利率上升，債券的價格也跟著上升。

（B）債券買入時的殖利率，就是持有至到期日的年化投資報酬率。

（C）債券投資原始目的是賺取利息，利息需要靠時間累積。

（D）只要債券不違約，持有至到期日為投資目的情況下，不需要太在意市價變動。

（E）存續期間愈短，代表債券價格愈容易受到市場利率波動影響，代表利率風險高。

（F）股票指數和債券指數的相關性，一定為負相關，也就是如果股票價格下跌，債券價格就會上漲。

（解答請見附錄）

投資的第八課
眼見為憑？這些葫蘆裡賣的是什麼藥？

　　這個周末連日的綿綿陰雨終於停止，藍藍的天空掛著幾抹白雲，空氣溼潤中帶著清新，是個很適合到郊外踏青的日子。不過，詹姆士選擇為自己沖一杯現磨豆子的耶加雪夫，聽著他最愛的 Bossa Nova，待在自己的小窩，複習這陣子學習到的投資概念，而小雪球咪咪則懶懶地躺在窗台上，享受難得的日光浴。

　　在複習的過程中，詹姆士發現自己過去對於投資的一些想法並不成熟，賠錢不是運氣不好，而是必然的結果。如果不全部砍掉重練，就算因為一時幸運而賺到錢，也可能因為一個不小心，又賠掉先前的獲利。股票投資絕對不是「隨便買、不要賣」，也不是參考消息面就能夠賺大錢。

　　另外，詹姆士試著去了解債券投資，學習用新的眼光去看待這項過去他根本瞧不上眼的投資工具，他發現時間是完全站在債券投資人這一方——債券投資的重點在於利息收入，只要投資的標的不倒帳，隨著時間推進，債券的累積報酬率是一路向上的。

　　不過，詹姆士察覺到債券投資的重點，除了買入時的殖利率（等於債券持有至到期日的報酬率）需要評估外，投資債券的違約率，也就是信用風險的評估最需要花時間研究。雖然有信用評等機構的信評資料，但是也只能參考。如同咪咪告訴他的，債券投資期間短則 3、5 年，長則 10 年以上，沒有人可以保證投資的債券，在持有的期間絕對不會倒帳，因此，信用風險絕對是重中之重。簡單的說，投資債券跟投資股票一樣，需要對公司做基本面的分析，並定期關心它的財務狀況與業務發展，沒有人可以保證評等高的公司絕對不會倒帳。

投資單一債券的所需的本金不小，國外債券的最小投資金額有些是 1 萬美元，但多數是 10 萬美元起跳，詹姆士知道依據他的財力，想利用分散投資來降低違約風險並不容易。更何況，他並不認為自己可以同時分析並追蹤多家公司的財報。所以，詹姆士覺得買債券 ETF 或是債券基金是不錯的方式。

　　他也花了一些時間研究目前市場上常見的債券基金與 ETF，果然如同咪咪所說，有些還真特別。例如，有擔保非投資等級債券基金[7]、目標到期債券基金、墮落天使 ETF 等，真是琳瑯滿目。詹姆士一一記下這些債券商品，打算跟咪咪請教這些債券商品是否值得投資。

　　夜暮低垂，他為自己準備了一份巴掌大的香煎鯖魚、水煮涼拌菠菜、味豆芽豆腐味噌湯以及一碗糙米飯，咪咪則是鮮魚拌飯，一人一貓吃得很香。飯後整理完廚房，詹姆士摸摸咪咪的頭，告訴牠要出去走走，咪咪「喵～」地一聲，轉身窩在沙發上舔著一身白毛。

　　今天晚上有月亮，空氣涼涼的，深深吸一口氣，詹姆士覺得整個人都放鬆了。沿著行道樹走著，他想起以前小學課本讀到的：『夜闌人靜月光明，天空無片雲。聲聲蛙鼓伴蟲鳴，乘涼到夜深。』

　　詹姆士覺得這樣的日子真的很不錯，有歲月靜好的味道。

　　回到住處，他看到咪咪優雅地跳上客廳的茶几，一副咪咪老師即將開講的模樣。

　　「今天要上課嗎？」詹姆士懷疑自己記錯時間：「我們不是週末不上課的嗎？」

7　增訂版註：由於金管會認為高收益債券基金主要投資之債券屬非投資等級債券，因此於 2021 年 11 月 4 日發函要求基金業者，在 6 個月之內將「高收益債券基金」更名為「非投資等級債券基金」。

「你今天不是研究了一些債券商品，心裡有些疑問嗎？打鐵趁熱，我們今晚把你的疑問解決。」咪咪搖了搖毛絨絨的尾巴，前爪拿著教學棒輕輕地在客廳的牆上一揮，出現了幾項債券基金與 ETF，剛好是下午詹姆士記在筆記中的那幾項：

- 有擔保非投資等級債券基金

- 目標到期債券基金

- 墮落天使 ETF

「要了解這些商品並不難，只要將我們先前提到的幾項債券的主要風險列出，大約可以知道這些商品的特性。」咪咪說道：「例如：有擔保非投資等級債券基金，想強調的是所投資的債券大多是資產擔保的，想降低投資人對於高收益債券違約風險的疑慮。抗通膨債券與浮動利率債券，則是針對利率風險而設計的。」咪咪嘴邊突然露出一抹神秘的微笑：「不過，這些商品的設計立意或許良善，但實際的結果卻可能與預期不同。」

「立意或許良善，但結果可能與預期不同？」詹姆士覺得中間似乎大有文章：「咪咪可以進一步說明嗎？」

「當然可以，我們先聊聊有擔保非投資等級債券基金。請問你認為和一般的高收益債券相比較，有擔保的高收益債券的信用評等如何？殖利率如何？」咪咪問道。

「我覺得有擔保高收益債券因為有保證，理論上信用評等應該比一般高收益債券來得高；因為信評等級比較高，有擔保高收益債券的殖利率，應該會比一般的高收益債券來得低。」詹姆士很滿意自己的回答。

咪咪在牆上秀出一張高收益債券指數與有擔保高收益債券指數的比較表：

高收益債券指數特性表

	全球 BB-B 有擔保 高收益債券指數	全球 BB-B 高收益債券指數	全球高收益 債券指數
債券檔數	516	2,857	3,236
占全球高收益 債券指數比重	16.57%	90.34%	100%
到期殖利率	5.73%	4.94%	5.67%
利差	378bps	302bps	374bps
存續期間	4.2	4.31	4.24
加權票息	6.20%	5.77%	6.02%
綜合評等	B1	BB3	B1

資料來源：美林債券指數，作者整理，2019.12.31

「當我們要分析某一類債券商品的特性時，為了保持客觀性，通常會以指標做為分析基礎。目前國內投信發行的有擔保非投資等級債券基金大多是以『美林全球 BB-B 有擔保高收益債券指數』做為參考指標。我們同時將這個指數與『美林全球 BB-B 高收益債券指數』及『美林全球高收益債券指數』一起比較，你有沒有發現什麼特別的地方？」咪咪問道。

詹姆士很快發現表格上不合理的地方：「有擔保高收益債券已經有擔保了，理論上應該是保證保本了，為什麼這個指數的綜合評等會低於全球 BB-B 高收益債券指數呢？而且，全球 BB-B 有擔保高收益債券指數和全球高收益債券指數的信評相同，為什麼殖利率還會比較高？」

「你可以由幾個方向去思考：（1）為什麼高收益已經有擔保了，信評等級還跟一般債券指數一樣？若是沒有擔保，信評等級是不是較差？（2）有擔保高收益債券基金的擔保品通常為實質資產，如建築物。

當發行公司真的違約了，擔保品的價值會不會下跌？這麼一來可以認為有擔保高收益債券可以100％保本嗎？（3）長期而言，有擔保高收益債券的報酬表現是否較好？違約狀況如何？」咪咪拋出幾個問題，提醒詹姆士任何投資都需要進一步思考，而非對業者的說帖照單全收。

「若是有擔保品的情況下，信評等級沒有大幅拉升，有可能發行公司本身的信評條件不是很理想，必須有擔保品來增加投資人的信心，也才能夠吸引投資人申購他們的債券。投資人不能看到『有擔保』三個字，就是以為是100％保本。」咪咪進一步說明。

詹姆士恍然大悟，原來有擔保高收益債券並沒有辦法保證債券不會違約：「請問要怎麼知道高收益債券的違約率？有擔保高收益債券的長期報酬好嗎？」

「你的問題很好。事實上，一般投資人可以透過國外的信評機構的網站，像是 Moody's 或是 S&P rating，取得信評公司對整體高收益市場的違約統計及預估。但針對特定市場，像是有擔保高收益債券的違約率，要取得資訊就沒有這麼便利，但是仍然可以透過有發行有擔保非投資等級債券基金的投信公司取得。」

咪咪換一張投影片繼續說道：「不過可以確認一點，依據摩根證券統計，以北美市場的主順位高收益債券市場自1982年以來的資料為例，有擔保高收益債券的違約回復率[8]，比一般的高收益債券來得高，這是有擔保高收益債券的優點。」

8　違約回復率：債券違約後可以拿回本金的百分比，例如：違約回復率50％，代表100元的本金可以拿回50元。

北美高收益債券違約回復率

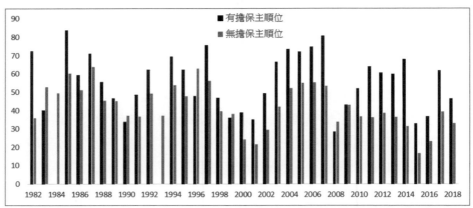

資料來源：JPMorgan, 2019.12；作者整理。25 年平均違約回復率：有擔保主順位高收益債券為 53.35%；無擔保主順位高收益債為 37.28%；整體高收益債券為 40.47%。保守計算投資高收益債券的報酬率，建議用「殖利率－違約率 x（1－違約回覆率）」來估算

「不過，過去 20 年，有擔保高收益債券指數的報酬率為 254%，和一般的高收益債券指數的報酬率 256% 差異不大，」咪咪在牆上秀出另一張報酬率走勢的投影片：「對一般投資人而言，特別花時間去留意有擔保高收益債券市場的投資效益如何，就值得思考了。」咪咪語重心長地說。

的確，現在資產管理競爭得很激烈，不論是主動管理的共同基金，或是強調被動管理的 ETF，皆企圖透過不斷地推出新型態的商品，來吸引投資人的眼球。

「咪咪，我大概能夠了解你想表達的。不過，最近很受歡迎的『目標到期債券基金』應該會符合投資人的需求吧？」詹姆士對於這個型態的商品很有興趣，認為它是一項很有創意的基金類型。

「全球有擔保高收益債券指數」與「全球高收益債券指數」累積報酬走勢

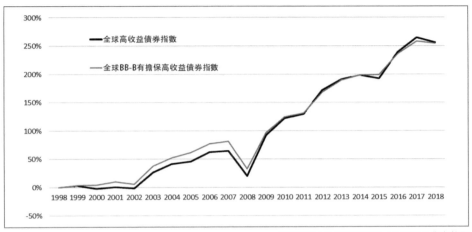

資料來源：美林債券指數，2019.12；作者整理

　　「我可以知道為什麼你認為『目標到期債券基金』很符合投資人的需求？」咪咪現在都不直接回答詹姆士的問題，而是提出另一個問題，逼得他不得不進一步思考。

　　「目標到期債券基金可以分散投資單一債券違約的風險，因為一檔債券基金會買幾十檔甚至上百檔的債券，可以有效分散債券的信用風險。」詹姆士回想先前在網路上以及債券粉絲團看到的資訊，繼續回答：「不過，一般債券基金的殖利率會不斷變動，主要是因為一般債券基金沒有到期日，所以基金經理人會視市場情況調整投資組合，所以投資人並沒有辦法清楚掌握自己投資 3 年、4 年、5 年、6 年的投資報酬率。但是目標到期債券有到期日，就像一檔債券一樣，定期領息，而且目標到期債券基金的殖利率是一開始就知道的，只要持有到基金到期，投資人能清楚知道自己的未來投資報酬率，也不需要留意基金到期日前債券價格波動。基本上只要投資人是用美元投資，就像是買入一檔投資等級

債券，只要不違約，本息都是可以入袋的。」

「如果依據目標到期債券基金的設計，就如同你說，理論上是接近完美的，不過在實務上，有幾個重點需要留意。」

「哦，是什麼地方需要留意呢？」詹姆士實在想不到目標到期債券基金會有什麼問題，他覺得它跟買一張債券沒有太大的差別。

「你認為投資目標到期債券和買一張債券一樣，只要不違約，本息都可入袋？」咪咪反問詹姆士。

「不是嗎？」他覺得這個問題有陷阱，但是詹姆士又不認為自己的想法有誤。

咪咪搖搖頭，在牆上秀出一張圖表：「就像你說的，一檔債券基金會買入幾十檔，甚至是上百檔的債券，你認為這些債券有可能全部在同一天到期嗎？」

一般債券與目標到期債券基金到期日本金變化

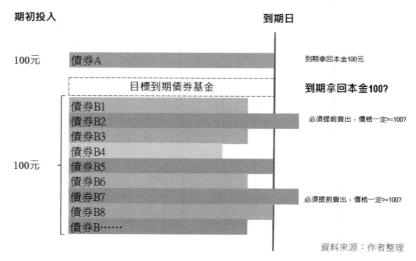

資料來源：作者整理

看著咪咪提供的資料，詹姆士發現盲點：「因為每檔債券的到期日不同，所以沒有辦法確定投資目標到期債券基金至到期日，可以拿回100％的本金。」

「的確，本金可能會超過 100 元，也可能低於 100 元。另外，以這張投影片為例，由於所投資的債券 B1、B3、B4、B6……年期短於目標到期債券基金本身所預設的到期日，面臨再投資風險，所以連利息收入也無法 100％確定。」咪咪進一步說明：「不過，考量債券主要的五大風險：利率風險、信用風險、流動性風險、匯率風險與再投資風險，相對於債券，目標到期債券基金的確可以分散信用風險及降低流動性風險；相對於沒有預設基金到期日的一般債券基金，目標到期債券基金的利率風險，則會隨著時間而逐漸降低。」

一般債券目標到期債券基金與一般債券基金之利率風險變化示意圖

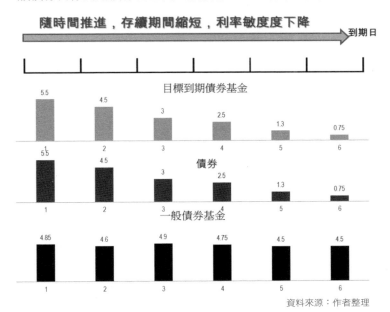

資料來源：作者整理

「唉，想像是性感的，現實是骨感的。」詹姆士在筆記本記下重點與感想，他真心認為這些投信公司真的很會包裝產品，如果對債券沒有相當程度的了解，的確會忽略一些風險，而想像得太過美好。

「雖然我說過很多次，但還是要再次提醒你，沒有絕對好或絕對差的產品，只要充分了解，確定有需求，分析過風險，這些商品都是可以投資的。」咪咪忍不住再次提醒詹姆士，牠擔心他還是認為投資有所謂的標準答案。

「好啦！好啦！我會記得沒有絕對好和絕對壞的商品，只有了不了解和適不適合。」詹姆士覺得咪咪好叨唸，為了避免牠繼續嘮叨，他提出另一個問題轉移焦點：「話說回來，咪咪，請問什麼是墮落天使ETF呢？我是在國外的網站上看到這種ETF，台灣似乎還沒有類似的商品[9]。」

「信用評等公司定期會評估接受信評公司的信用品質是否有變化，如果品質變差，會發出展望變負向，或是直接調降信評等級的報告。若是一家公司信評等級被降級，它所發行的債券也會被降評級。如果原本是投資等級債券，降級後變成高收益債券，市場稱這些債券為 Fallen Angle ——墮落天使。」咪咪說明什麼是墮落天使。

「所以墮落天使 ETF 主要是投資由投資等級被降評至高收益等級的債券？」詹姆士覺得不可思議，因為信用風險是債券投資主要觀察的風險，這樣的 ETF 風險應該會很大。

「直觀角度會有這樣的反應很正常，不過，考慮到市場效率，當一

---

9 野村投信於本書初版後隔年，也就是 2021 年 6 月成立了第一檔以墮落天使為投資主軸的債券型基金。

家公司被信用評等公司降評時，可能反而提供不錯的投資時點。」咪咪表示。

「蛤？」詹姆士太錯愕了，這顛覆了他這陣子學習的債券常識。

「一家公司的財務體質轉變通常需要一段時間，很少會在一夕之間改變。當一家公司財務體質開始朝負向發展時，它的債券投資者一定會有所警覺，因此在它轉變為 Fallen Angel 的過程中，債券價格會先行反映信用體質惡化的事實，信用利差會先行放寬，亦即數值變大，也就是價格會先下跌，等到債券信評被信評公司從投資等級降至高收益等級時，往往已經是利空出盡的時候。」咪咪在牆上投影一張走勢圖：「而且，要記住一點，這些 Fallen Angel 本來是投資等級 BBB- 以上，被降評通常是 2 ～ 3 級至 BB 或 BB-，在高收益中，通常屬於評級較佳的一群，建議要用比較客觀的角度看待它們。」

投資等級債券被降評為高收益等級前後的價格報酬變化

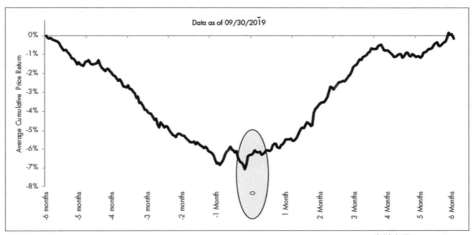

資料來源：vaneck.com

咪咪給詹姆士看一張全球高收益債券指數和全球墮落天使債券指數的比較表：「因為 Fallen Angel 是由投資等級債券降等而來，一般投資等級債券的存續期間比高收益長，所以 Fallen Angel 指數的存續期間比一般高收益債券指數長，平均的信用評等也比較高，所以有人稱 Fallen Angel 為高品質的高收益債券。」

全球高收益債券指數與全球墮落天使債券指數特性表

	全球高收益債券指數	全球墮落天使債券指數
債券支數	3,236	369
占全球高收益債券指數比重	100%	12%
到期殖利率	5.67%	4.49%
利差	374bps	300bps
存續期間	4.24	5.02
加權票息	6.02%	5.21%
綜合評等	B1	BB2

資料來源：美來債券指數，作者整理，2012.12.31

　　「在這種情況下，債券違約的機率也還好，為什麼 Fallen Angel 原來的投資人要賣出？」詹姆士不太理解這個部分，因為這種情況下，賣出的價格絕對不好。

　　「一般而言，投資等級債券的投資人，多數是法人機構，例如退休基金，這些操盤的經理人在投資時必須遵守一些投資規範與守則，可能無法持有非投資等級的債券，在面對一檔債券未來被降為非投資等級，在風險增加的情況下，就有賣出的壓力。」咪咪繼續說：「所以，這時也提供了一個不錯的投資機會。」

「在長期報酬率，Fallen Angel 的表現比較好，主要是因為這類債券在降評前往往風險被高估，產生過度跌價。而多數 Fallen Angel 的公司在被降評後，通常會做財務品質改革，以尋求信用評等再被提升。畢竟，被列為投資等級的籌資成本，會遠低於高收益等級的籌資成本。」

「全球高收益債券指數」與「全球墮落天使債券指數」累積報酬走勢

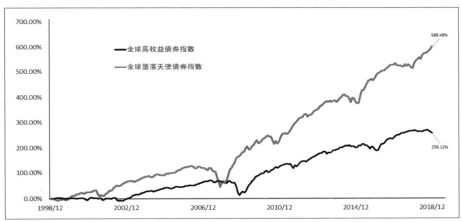

資料來源：美林債券指數，作者整理，1998/12-2018/12

　　在筆記本記下重點後，回顧今天上的課程內容，詹姆士覺得債券真是個有趣的投資工具，原來債券並不無聊、也不呆板，學習債券知識的過程，感覺像是在尋寶，一直有不同的驚奇出現。他不由自主地露出滿足的微笑。

　　咪咪似乎也領會到詹姆士的感受，手往上一拋，教學棒與牆上的影像消失無蹤，牠輕巧地由茶几跳到他的膝蓋上：「親愛的主人，我們的投資 8 堂課已經上完了。等你融會貫通後，我會啟動魔法帶你回到 20 年前。喵～我肚子餓了，請問還有『貓倍麗』嗎？」

安柏姐的碎碎唸

🐾 消失的 100 元？

在安柏姐開始碎碎唸之前，請先做一做簡單的推理遊戲：

有 3 個人到餐廳吃飯，吃完飯後，總共拿出 3,000 元交給服務生結帳，服務生將 3,000 元交給櫃台，櫃枱找給服務生 500 元，沒想到服務生心起貪念，偷偷地把 200 元藏在口袋裡，只拿 300 元找給客人，一人可拿回 100 元。

所以這頓飯等於是每個客人出 900 元，3 人拿出 2,700 元，再加上服務生偷走的 200 元，總共是 2,900 元，那麼，還有 100 元跑到哪兒了？

或許，你看過這個推理問題，也或許沒看過，但覺得實在太簡單，更或許，你到現在還搞不清答案。安柏姐想碎碎唸的是：除了事情的表象外，你是否試著換個角度分析？在投資上，你是否習慣依照理專的說法或是專家的邏輯去思考？或是，因為一時聽不懂或不了解該商品，一句「交給專業人士判斷」就偷懶帶過？

有些人批評，基金公司有收基金經理費，所以基金公司就要負 100％ 的責任。安柏姐甚至有看過知名的投資專家以「請佣人打掃，難不成僱主還要知道怎麼打掃？」來批評基金公司與經理人。安柏姐想吐嘈的是，你不用知道怎麼打掃，但僱用佣人時，總要先面試對方適任或不適任吧？是否適任也有評斷標準吧？也得定期檢查佣人打掃得乾淨不乾淨吧？難不成你會隨便僱用？只給錢而都不檢查？

平心而論，任何行業都有壞蟲子，基金業也是同樣的情況，有時候為了募集基金，什麼天馬行空的行銷術語都想得出來。你應該有看過抖

音中的化妝易容術吧，安柏姐真心認為基金公司的行銷單位都是這類超級化妝師，非常會化腐朽為神奇。想當然爾，有些過度包裝的基金商品，在卸妝後絕對是慘不忍睹的。所以，不論由任何管道看到投資商品，包括基金、ETF、保單，除了銷售人員的說帖外，請再多留心理解，一定要搞懂整個產品，否則寧可把錢放定存，也不要胡亂投資。

回到這個推理問題上，你的答案是什麼？

這個題目基本上有障眼法，如果你跟著題目的邏輯想，你絕對想不出答案，一直陷在 100 元到底跑到哪裡了？如果你換個角度想，你會發現這頓飯的總計金額是 2,500 元，加上服務生偷走的 200 元，才是 3 個人付出的 2,700 元。事實上，根本沒有「消失的 100 元」這回事。

在面對琳瑯滿目投資商品時，你是否能夠突破盲點呢？

【咪咪老師的隨堂考】

1、請問目標到期債券基金可以降低以下哪些風險？（Ａ）利率風險（Ｂ）匯率風險（Ｃ）信用風險（Ｄ）再投資風險（Ｅ）流動性風險

2、請問什麼是 Fallen Angel 債券？ Fallen Angel 的債券指數和一般高收益債券指數比較，平均信用水準比較高還是比較低？存續期間比較長還是比較短？

（解答請見附錄）

Part 2

回到 20 年前，
你會怎麼做？

踏上奇幻之旅——回到 20 年前！

「主人，起床了。」這個週末一大早，詹姆士在睡夢中被咪咪舔醒：「今天要啟動魔法回到 20 年前。」

昨天晚上咪咪告訴他這個奇幻之旅即將成行，詹姆士興奮得睡不著覺，翻來覆去直到 2 點多才進入夢鄉：「現在幾點了？」

「7 點半！我會在 8 點啟動魔法，你快點起來準備。」

聽到咪咪這麼說，詹姆士打消賴床的念頭，趕緊由床上跳起來梳洗整裝，他必須好好把握這千載難逢的奇幻經驗。

過去這段時間，詹姆士跟著咪咪學習，也利用閒暇時間研讀投資相關資訊，還看了一些咪咪介紹的書，對於總體經濟與債券相關的書籍，讓他收穫最多。他不敢說對於投資已經十分純熟，但是至少在心態上沒有那麼浮誇了。

當詹姆士走到客廳，看見一輛很奇特的摩托車，咪咪變身為騎士坐在上頭，還戴著墨鏡，那樣子實在是太滑稽了，他費了好大的力氣才沒笑出來。

「上來吧！」咪咪貓爪一揮，詹姆士的頭上出現一頂安全帽：「這是時光摩托車，我們該出發了。」

待詹姆士坐好，咪咪油門一催，四周的景象全部變成光束，他不得不閉上眼睛，感受那種奇異的風速。

「我們到了。」很快地到了目的地，詹姆士睜開眼睛。咪咪摘下帥氣的墨鏡，時光摩拖車停的地點是在台北市一家復興北路的星巴克前，不過路人的裝扮有些年代感，詹姆士甚至看到有人手上拿著「海豚機」。

咪咪看出詹姆士的疑惑：「這是 20 年前的台北，有些東西你應該還有印象，時間差不多了，我們進去吧！」

　　「你的時光摩托車？」

　　「除了我們，沒有人可以看到它。」咪咪指著角落一台舊型筆電：「還有，在別人眼中，我只是一隻普通的貓。等一下坐在那台筆電前，你按著我說的指示操作。你如果有問題，在心裡想，你的問題會出現在這台電腦上。」

　　真的嗎？在詹姆士懷疑的同時，電腦的螢幕上出現了「真的嗎？」他覺得真是新奇有趣。

　　咪咪點開一個「投資決定」的軟體，並輸入使用者名稱及密碼：「主人，你真的是有福氣的人，不過，你的福氣也是你長久累積下來的，我要代替浪浪們謝謝你，因為你長期捐贈流浪動物之家，也幫忙很多浪浪們找到新家，所以大家不忍心你這麼好的人投資失利，所以指派我送來生日祝福。」

　　「所以，你當初流浪街頭是刻意安排的嗎？」詹姆士這時才想到，今天是他 45 歲的生日：「你該不會是因為擔心我投資失利，沒有多餘的錢幫你買好吃的魚罐頭才幫我的吧？」詹姆士心裡想著，他仍然記得第一次聽到咪咪開口說話的驚嚇感。

　　「當然不是，你不是認為這是貓的報恩嗎？」咪咪指著螢幕，上面顯示著類似操作說明的文字敘述，「主人，浪浪們的能力只能集結新台幣 100 萬元給你，現在你的投資決定，關係著你 20 年後的資產價值。你要運用我這陣子教你的投資知識來做投資決定。上面是這個系統的使用說明，當你決定每個選項，按下確定鍵後，就無法回到上一步，所以

每一步你都必須非常謹慎思考。現在開始，你有一個小時的時間來重設你的未來。祝你好運！相信你會做出最理性的決定。」

詹姆士有些緊張，但心中充滿感謝。喝下一口 Latte 後，開始他的奇幻之旅……。

現在，安柏姐也邀請各位跟著詹姆士回到過去，享受這趟奇幻之旅。

再次選擇

請在遊戲開始前,詳細閱讀以下使用說明:

1. 請仔細閱讀遊戲中對於各市場之簡介,謹慎思考後做出投資決定,並依照指示翻到下一步驟之頁面;請留意,決定後,請不要再回到上一步,直到完成最後一步驟。

2. 請熟讀各市場簡介,建議可以做各市場比較的筆記,能幫助理解。

3. 當你完成所有的投資決定步驟後,可以得知 20 年後的投資報酬率以及單年度的報酬率。

4. 建議多做幾次選擇,並且寫下自己的心得跟觀察,最後再翻到 177 頁,看看你和安柏姐的觀察有何不同,或許,你的觀察更具獨特之處。

現在你的帳戶有新台幣 1,000,000 元。請問你想將這筆資金投資在股票還是債券？在你決定前，請先詳閱各市場簡介。

股票

　　是一種有價證券，當企業需要籌集資金時，可以將股票開放給投資者認購，成為股東，並憑股票確認對企業的所有權比率，有權利獲得股息（股利），並分享企業成長或交易市場波動帶來的利潤；同時也要共同承擔企業運作錯誤或是市場波動所帶來的風險損失。投資股票有機會獲得數以倍計之投資報酬率，當然，也可能血本無歸。多數股票可依當地法令規定在集中市場上進行買賣，並因此成了股票市場。

＜如果你選擇股票，將跳至 138 頁＞

債券

　　是一種有價證券，政府、金融機構、工商企業等機構有資金需求時，直接向社會借債籌措資金，並承諾按一定利率，支付利息並按約定條件償還本金的債權債務憑證。債券購買者與發行者之間是一種債權債務關係。債券的計息方式有固定利率、浮動利率或零利率計算。部分地區或國家可能因特殊原因而有負利率債券。債券不論何種形式，大多數都可以依照當地法令規定，在市場上進行買賣，並因此形成了債券市場。

＜如果你選擇債券，將跳至 140 頁＞

🐾 投資股票的細項選擇

你選擇的投資標的是股票，請問你想選擇的市場是：

美國 S&P 500 市場

標準普爾 500（Standard & Poor's 500，S&P 500）簡稱標普 500 指數，指數開始時間為 1957 年，由標準普爾道瓊指數公司開發。此一指數觀察並記錄美國的 500 家上市公司股票市值加權平均的變動情況，可反映美國廣泛的股票市場整體價格的漲跌變化。投資美國 S&P 500 指數，可以參與美國企業成長或市場波動所帶來的利潤，當然，也可能面臨相對的風險，請謹慎評估你的風險承受度。

<如果你選擇美國 S&P 500 市場，將跳至 159 頁查看你的投資成果。>

全球股票市場 -MSCI AC 全世界股票指數

由 MSCI 摩根士丹利資本國際公司（Morgan Stanley Capital International）提供。該指數組成標的為全球大型和中型市值已開發市場及新興市場股票，包含 23 個已開發國家及 26 個新興市場國家，共有 2852 檔成份股（2019/8 資料）。其中已開發國家比重占了約 8 成，其中美國占比最高為 55.99％；產業以金融 16.32％ 的占比最高。投資 MSCI AC 指數，可以參與全球企業成長或市場波動所帶來的利潤，當然，也可能面臨相對的風險，請謹慎評估你的風險承受度。

<如果你選擇全球股票市場，將跳至 160 頁查看你的投資成果。>

新興市場股票－MSCI 新興市場指數

由 MSCI 摩根士丹利資本國際公司（Morgan Stanley Capital International）提供。MSCI 新興市場指數涵蓋 26 個新興市場（EM）國家的大中型股票代表，約有 1,202 檔成份股（2019/8 資料）。該指數涵蓋了每個國家市值的 85％左右的股票。中國為最大占比的國家，約占指數 32.3％。金融占 24.61％為權重最高產業。投資 MSCI 新興市場指數，可以參與全球新興國家企業成長或市場波動所帶來的利潤，當然，也可能面臨相對的風險，請謹慎評估你的風險承受度。

＜如果你選擇新興市場股票，將跳至 161 頁查看你的投資成果。＞

🐾 投資債券的細項選擇

你選擇的投資標的是債券。

請留意，債券投資之計算依據為債券指數。JPMorgan、FTSE、ICE 美林、BLOOMBERG 等公司，皆有編彙各類債券指數，指數成份內容略有差異，在做最終投資決定前，請詳細閱讀各債券之指數特性。

請問你的選擇的市場是：

政府公債

由各國以一國國力擔保及發行的債券。政府債券的發行主體是政府，它是指政府財政部門或其他代理機構為籌集資金，以政府名義發行的債券。中央政府發行的稱中央政府債券（國家公債），地方政府發行的稱地方政府債券（地方公債）。不同國家的政府公債有不同的信用等級，亦即政府公債也有投資級及高收益級的分別。通常來說，已開發國家的公債擁有較高的信用評等，但又因各國政府的財政前景與償債能力而有不同。簡言之，一個國家發行的政府債券的信用評等通常與該國家的信用評等相同。通常政府公債的殖利率會較低，但也可能有例外的情況。政府債券不保證一定不會倒帳，投資時還是得回歸信用風險評估。

＜如果你選擇政府公債，將跳至 142 頁＞

企業／公司債券

由公司發行的債券為企業債券或公司債券。在英、美等歐美國家，金融機構發行的債券歸類於公司債券。在台灣中國及日本等國，金融機構發行的債券稱為金融債券。公司債券是股份制公司發行的一種債務契

約，公司承諾在未來的特定日期，償還本金並按事先約定的利率支付利息。公司債券的還款來源是公司的經營利潤，但是任何一家公司的未來經營都存在很大的不確定性，因此公司債券持有人承擔著損失利息甚至本金的風險，一般可依據信用評等機構給予之信用評等做為倒帳風險的判斷。

投資等級以上之企業債券通常因信用評等高，倒帳風險低，可以用較低之利息成本籌措較長天期之資金，故一般投資等級企業債券指數與高收益債券指數相較，有較長之存續期間以及較低之殖利率。高收益債券顧名思義有較高之殖利率，然這較高之殖利率是來自於較高之風險貼水。投資時，雖有投資等級及高收益等級之分，然並不表示投資等級債券一定不會倒帳，或高收益債券必然倒帳。如前述，一家企業之未來經營存在很大之不確定性，故投資等級債券可能因企業經營不善而被降評至高收益債券，稱為墮落天使（Fallen Angel）；高收益債券也可能因企業勵精圖治而被升等成投資等級債券，成為明日之星（Rising Star）。在投資市場中，企業債券除依評等分為投資等級與高收益等級外，也習慣將開發中國家之企業發行之債券，專稱為新興企業債券。

＜如果你選擇企業債券，將跳至 146 頁＞

投資政府公債的細項選擇

你選擇投資標的是政府債券，各市場簡介如下。請在詳細閱讀後，再做最後的投資決定：

美國

美國政府債券由美國政府發行，是美國政府欠債權人的債務，不論該債權人是國民或外國人。而外債則是所有國內機構，包括公營和私營，欠外國債權人的債務。在美國，美國外債大部分是政府欠外國債權人，美國財政部轄下美國公債局負責按日計算政府欠債額度。截至2019 年 8 月，最大債權國是日本，持有 1 兆 1,229 億美元。截至 2019年 9 月，三大信評公司給予美國政府債券之評等為 AAA，代表美國政府債券違約率低。

美國政府債券發行，依天期分為一年期以下為國庫券（Treasury Bills, T-bills），2 ～ 10 年期為中期債券（Treasury Notes, T-notes），至於長期債券（Treasury Bonds, T-bonds）是指美國政府發行的 30 年期的債券，是目前美國政府發行的最長天期債券，但 2019 年美國政府似乎有意發行 40 年期之政府債券，並徵詢市場意見，然仍未有決議。

根據證券業暨金融市場協會（SIFMA）統計，截至 2019 年 8 月底，美國政府流通在外債券（包含短中長期債券、抗通膨及浮動利率債券）為 16.14 兆美元。以彭博巴克萊美國政府債券指數為例，截至 2019 年 9月中旬，到期年限在 3 年期以下之債券，比重為 33.75％，3 ～ 10 年為47.15％，10 年以上之債券占比為 19.10％，存續期間約為 6.57 年。

在此你若選擇投資美國政府債券，將是投資於美國政府債券指數，包含所有短中長天期之美國政府債券。投資在美國政府債券指數，享有

極高的債權保障，當然，利息收入也相對低。

歐元區（EMU）／泛歐地區

　　由歐元區各國政府所發行之債券，債券之信評等級並不相同。以 FTSE EMU 政府債券指數為例（2019/6 資料），共有 308 檔債券，市值為 6.3 兆歐元。法國占比最高，達 25.91％，其次為義大利及德國，分別為 22.7％及 17.14％。信評分布 AAA、AA、A、BBB 分別為 22.32％、37.83％、17.15％、22.70％，存續期間為 8.32 年。在此你若選擇投資歐元區政府債券，將是投資於歐元區政府債券指數，包含所有短中長天期之歐元區政府債券。投資在歐元區政府債券指數，享有較高的債權保障，當然，利息收入也相對低。

全球政府債券指數

　　不同的國家面臨的經濟環濟並不相同，政府政策方向不會完全一致，對於債券的價格的影響也不同。你可以選擇投資在全球的政府公債，也可以專注於全球新興市場政府債券指數。以 FTSE 債券指數為例（2019/8 資料）概述如下：

(1) 世界政府債券指數（World Government Bond Index, WGBI），共有 1,035 檔債券，市值為 23.67 兆美元。北美、拉丁美洲、亞洲、歐中東非洲各區域之占比分別為 40.15％、0.62％、21.51％、37.73％。其中美國占比達 38.59％，歐元區為 30.90％，日本為 19.21％，主要投資區域以已開發國家為主。信評分布 AAA、AA、A、BBB 分別為 11.1％、55.36％、25.83％、7.71％，存續期間為 8.6 年。

(2)世界新興國家政府債券指數（Emerging Markets Government Bond Index ,EMGBI），衡量 16 個國家／地區的當地幣別政府債券的表現，為尋求衡量主權新興市場指標的投資組合經理提供了廣泛的基準。共有 415 檔債券，市值約 2,699 美元。其中投資等級約 93.84%，高收益等級為 6.16%。亞洲、新興歐洲、拉丁美洲各區域之占比分別為 68.87%、16.15%、14.98%。信評分布 AA、AA、BBB、BB 分別為 1.31%、72.53%、20%、6.16%，存續期間為 5.77 年。不過，FTSE 這個指數成立日期在 2007 年。JPMorgan 於 2005 年 6 月發行的政府債券－新興市場指數（GBI-EM）系列是第一個有關地方政府債券債務的全球綜合新興市場指數。

因此，在過往許多新興國家會發行美元或是歐元計價之政府債券（主權債）。以摩根全球新興市場債券指數（J.P. Morgane Emerging Markets Bond Index Global）為例，其指數組成份子皆為美元計價債券，而非當地幣別計價債券，截至 2019 年 8 月市值為 11.04 兆美元，投資等級占比為 63.42%、高收益等級債券為 36.58%；主權債券比重為 73.42%、類主權債券為 26.58%；非洲、亞洲、新興歐洲、拉丁美洲、中東各區域之占比分別為 8.13%、23.87%、18.5%、32.01%、17.5%。其中占比最高之前三個國家為墨西哥 10.38%、印尼 8.78%、中國 8.15%，存續期間約為 7.69 年。

考量指數成立時間與資訊取得完整度，政府債券市場之投資報酬率，將以美林債券指數計算，各指數於 1998/12/31 之資料如下：

指數標的	全球政府債券	美國政府債券	歐洲政府債券	全球新興市場債券
債券數	535	164	401	177
到期殖利率	3.85%	4.94%	3.69%	6.45%
利差水準	0	0	0	11.13
存續期間（年）	5.76	5.73	5.23	4.89
綜合平均信評水準	AAA	AAA	AAA	BBB-
計價幣別	美元	美元	歐元	美元

資料來源：作者整理

請問你的投資選擇為：

□美國政府債券指數<將跳至 162 頁，查看你的投資成果。>

□歐元區政府指數　<將跳至 163 頁，查看你的投資成果。>

□全球政府債券指數<將跳至 164 頁，查看你的投資成果。>

□全球新興市場債券指數（美元）<將跳至 165 頁，查看你的投資成果。>

投資企業／公司債券的細項選擇

你選擇的投資標的是企業／公司債券，請詳細閱讀以下說明，並進行下一步驟：

投資等級企業債券

投資等級公司債是指達到其一特定債券評級水平的公司債，該類債券一般被認為信用等級比較高，違約風險很小。以標準普爾信用評等公司為例，AAA、AA、A、BBB四個等級以上的債券，為投資等級債券，其中AAA等級信評最高。此外，AA等級以下，每一級級又進一步細分＋／－等級，如AA＋、AA、AA－。穆迪投資服務公司信用等級Aaa級、Aa級、A級、Baa級以上為投資等級債券，Aa等級以下，可進一步細分1、2、3等級，如：Aa1、Aa2、Aa3。兩家機構信用等級劃分大同小異。投資等級債券信譽高、風險小，投資人較不需要倒心倒帳風險，但仍需留意景氣循環對個別公司還款能力造成的影響，通常在景氣下滑及衰退時，企業倒帳的可能性較高。同時需有一個觀念，信評等級高，代表違約風險低，但不代表100％保本。投資在投資等級公司債券指數，可以享有穩定之利息收入，當然，也可能面臨違約率上升的風險。

＜如果你選擇投資等級公司債券，將跳至148頁＞

高收益債券

又稱非投資等級債券、垃圾債券，是指信用評等較低之債券。以標準普爾信用評等公司為例，BB＋（含）以下等級的債券，為高收益債

券。請注意，高收益債券可以是公司債、政府（主權）債券，或是類主權債券。由於此類債券的信用評等較低，違約倒帳的可能性較高，所以投資人在投資高收益債券時，會要求較高的利率，所以稱為高收益債券。以美林債券指數為例，全球高收益債券中公司債券占全球公司債比重約 17.36％（2019/8 資料）。投資在高收益債券指數，可以享有較高的利息收入，當然，也面臨較高的違約風險。

＜如果你選擇高收益債券，將跳至 152 頁＞

🐾 投資級公司債券的細項選擇

你選擇投資標的是投資級公司債券，各市場簡介如下。請在詳細閱讀後，再做最後的投資決定：

全球投資等級公司債

投資於全世界各國企業所發行評等為投資等級之債券。以彭博巴克萊全球投資等級公司債券指數為例，截至 2019 年 9 月中，該指數包含 12,483 檔債券，市值達 10.63 兆美元。非洲中東、亞洲、東歐、北美、中南美洲、西歐各區域之占比分別為 0.15 ％、6.28 ％、0.07 ％、62.28％、0.61％、30.61％，可見全球投資等級公司債主要發行公司仍是以歐美已開發國家為主；國家占比以美國 55.72％最高，其次為英國 8.38％，法國 6.18％。前三大幣別為美元 66.1％、歐元 23.59％、英鎊 4.93 ％。信評分布 AAA、AA、A、BBB 分別為 1.27 ％、9.61 ％、38.98 ％、49.61 ％；前三大產業為金融 37.69 ％、非景氣循環消費 16.22％、通訊 8.68％，存續期間約為 6.89 年。

投資在全球投資等級企業債券指數，可分享全球高信評等級企業穩健的財務情況下，反映之較高的債權保障，但不表示該投資為 100％保本，仍有違約可能，只是風險較低。利息收入將高於全球政府公債指數，但低於全球高收益債券指數。

美國（元）投資級公司債

主要是美國企業以美元發行之投資等級債券，但也可能包含少部分非美國企業但以美元發行之債券。以彭博巴克萊美國公司債券指數為例，截至 2019 年 9 月中，該指數包含 6,076 檔債券，市值達 5.8 兆美元。

亞太地區、北美洲、中南美洲、西歐各區域之占比分別為 2.62％、88.63％、0.48％、8.27％；國家占比以美國 85.14％最高，其次為英國 3.97％，加拿大 3％。信評分布 AAA、AA、A、BBB、其他，分別為 2.2％、8.68％、38.41％、46.45％、4.26％；金融、工業、公用事業占比分別為 25.9％、52.10％、10.75％，存續期間約為 7.86 年。投資在美國投資等級企業債券指數，可分享高信評等級美國企業穩健的財務情況下，反映之較高的債權保障，但不表示該投資為 100％保本，仍有違約可能，只是風險較低。利息收入將高於美國政府公債指數，但低於美國（元）高收益債券指數。

歐洲（元）投資等級公司債

投資於主要為歐洲企業所發行評等為投資等級之債券，亦包含少部分其他國家企業以歐元發行之投資等級債券。以彭博巴克萊歐元綜合公司債券指數為例，截至 2019 年 9 月中，該指數包含 2,784 檔債券，市值達 2.28 兆美元。亞太、東歐、北美、中南美、西歐各區域之占比分別為 3.76％、0.30％、19.76％、0.05％、76.14％；國家占比以法國 19.8％最高、其次為荷蘭 15.18％、英國 10.36％。信評分布 AAA、AA、A、BBB、其他分別為 0.43％、11.08％、32.28％、44.41％、12.51％；前三大產業為金融 42.71％、非景氣循環消費 16.08％、景氣循環消費 9.22％，存續期間約為 5.19 年。

投資在歐元綜合企業債券指數，可分享歐元計價較高信評等級企業穩健的財務情況下，反映之較高的債權保障，但不表示該投資為 100％保本，仍有違約可能，只是風險較低。利息收入將高於歐元區政府公債指數，但低於歐元高收益債券指數。

新興企業債

　　顧名思義，新興企業債券是新興國家之企業發行的債券，可分為投資等級及高收益等級。以流通較為廣泛的巴克萊新興企業債券指數，以及摩根新興企業債券指數為例，都同時包含投資等級及高收益等級之債券，同時也都是以美元計價為主。依巴克萊新興企業債券指數（2019/09資料），共有 721 檔債券，市值為 5470.1 億美元。非洲及中東、亞太地區、中亞、東歐、北美洲、中南美洲、西歐各區域之占比分別為 13.37％、40.59％、5.26％、9.01％、10.10％、21.05％、0.61％。以公司註冊所在國分析，中國（不含香港）占比最高，達 22.18％，其次為開曼群島及墨西哥，分別為 8.65％ 及 7.54％。信評分布 AA、A、BBB、BB、B、CCC 及 以 下 分 別 為 0.42％、13.793％、27.44％、17.58％、13.24％、27.53％；前三大產業為金融 39.83％、基本原料 16.98％、通訊 13.76％，存續期間為 4.49 年。在此你若選擇投資新興企業債券，將投資於包含所有短中長天期、投資等級與高收益等級，以美元計價之新興企業債券。

　　考量指數成立時間與資訊取得完整度，投資報酬率將以美林債券指數計算，各指數於 1998/12/31 之資料如下：

指數標的	全球投資等級公司債	美國（元）投資等級公司債	歐洲（元）投資等級公司債	新興企業債券
債券數	7323	4670	941	196
到期殖利率	5.07%	6.24%	4.03%	14.02%
利差水準（bps）	91	119	48	908
存續期間（年）	5.83	6.95	4.94	4.73
綜合平均信評水準	A＋	A	AA	BB
計價幣別	美元	美元	歐元	美元

資料來源：作者整理

請問你的投資選擇為：

☐全球投資等級公司債 <將跳至166頁，查看你的投資成果。>

☐美國（元）投資級公司債 <將跳至167頁，查看你的投資成果。>

☐歐洲（元）投資等級公司債<將跳至168頁，查看你的投資成果。>

☐新興企業債券指數 <將跳至169頁，查看你的投資成果。>

🐾 投資高收益債券的細項選擇

你選擇投資標的是高收益債券，各市場簡介如下。請詳細閱讀後，再做最後的投資決定：

全球高收益債券

投資於全世界企業或政府所發行評等為高收益等級之債券，包含已開發國家及新興市場。以彭博巴克萊全球高收益債券指數為例，截至2019 年 9 月中，該指數包含 3,283 檔債券，市值達 2.38 兆美元。非洲中東、亞洲、中亞、東歐、北美、中南美洲、西歐各區域之占比分別為7.50％、4.31％、1.44％、6.03％、52.51％、6.64％、21.57％，可見全球高收益債券主要發行仍是以歐美已開發國家為主；國家占比以美國55.72％最高，其次為英國 8.38％，法國 6.18％。前三大幣別為美元83.87％、歐元 14.36％、英鎊 1.70％。信評分布 BBB、BB、B、CCC及以下分別為 1.81％、40.12％、35.708％、22.36％；前三大產業為政府 18.05、通訊 15.19％、金融 14.64％，存續期間約為 3.86 年。投資在全球高收益債券指數，可享有較高之信用風險貼水，投資時需留意違約的可能性，投資報酬率將以巴克萊全球高收益債券指數報酬表現計算。

美國（元）高收益公司債

主要投資於美國企業所發行評等為高收益等級之債券，一般美國高收益債券指數會排除國家風險在新興市場之美元計價債券。以彭博巴克萊美國高收益債券指數為例，截至 2019 年 9 月中，該指數包含 1,886檔債券，市值達 1.25 兆美元。亞太地區、北美洲、中南美洲、西歐各區域之占比分別為 0.80％、88.93％、0.02％、10.25％。信評分布

BBB、BB、B、CCC 及 以 下 分 別 為 0.97 ％、 42.73 ％、39.83 ％、16.47％；前三大產業為通訊 21.0％、非循環消費 16.59％、循環消費 15.59％，存續期間約為 3.26 年。投資在美國高收益債券指數，可享有較高之信用風險貼水，投資時須留意違約發生的可能性。

歐洲高收益公司債

　　主要投資於全球企業以泛歐地區貨幣發行評等為高收益等級之債券，多數發債企業以歐洲國家居多。以彭博巴克萊泛歐高收益債券指數為例，截至 2019 年 9 月中，該指數包含 615 檔債券，市值達 3,117.5 億歐元。貨幣分布為歐元 87.78％、英鎊 11.69％、瑞士法郎 0.32％、瑞典克朗 0.20％。亞太地區、東歐、北美洲、西歐各區域之占比分別為 2.21％、0.25％、14.46％、83.08％。信評分布 BBB、BB、B、CCC 及以下分別為 1.74％、50.75％、25.41％、22.10％；前三大產業為通訊 22.34％、金融 18.93％、循環消費 17.50％，存續期間約為 4.85 年。投資在泛歐高收益債券指數，可享有較高之信用風險貼水，投資時須留意違約發生的可能性。

新興市場高收益債

　　投資於全世界新興企業或政府所發行評等為高收益等級之債券。以彭博巴克萊新興市場高收益債券指數為例，截至 2019 年 9 月中，該指數包含 749 檔債券，市值達 7,382.8 億美元。非洲中東、亞太地區、中亞、東歐、北美、中南美洲、西歐各區域之占比分別為 26.74％、14.04％、5.15％、19.04％、5.64％、28.94％、0.45％；國家占比以巴西 14.75％ 最高，其次為土耳其 11.76％，中國 11.75％。指數成員皆為美元發債。信 評 分 布 BBB、BB、B、CCC 及 以 下 分 別 為 3.29 ％、30.96 ％、

33.78％、31.97％；前三大產業為政府 53.58％、金融 19.61％、能源 7.85％，存續期間約為 5.18 年。投資在新興市場高收益債券指數，同時承擔政府及企業之信用風險，獲得較高之信用風險貼水，投資時須留意違約發生的可能性。

考量指數成立時間與資訊取得完整度，投資報酬率將以美林債券指數計算，各指數於 1998/12/31 之資料如下：

指數標的	全球高收益債券	美國（元）高收益公司債	歐洲（元）高收益公司債	新興市場高收益債券
債券數	1112	1055	20	160
到期殖利率	10.52％	10.52％	10.75％	15.28％
利差水準（bps）	569	566	753	1030
存續期間（年）	5.51	5.5	5.95	4.52
綜合平均信評水準	B＋	B＋	B	BB-
計價幣別	美元	美元	歐元	美元

資料來源：作者整理

請問你的投資選擇為：

☐全球高收益債券指數 ＜將跳至 170 頁，查看你的投資成果。＞

☐美國（元）高收益公司債 ＜將跳至 171 頁，查看你的投資成果。＞

☐歐洲（元）高收益公司債 ＜將跳至 172 頁，查看你的投資成果。＞

☐新興高收益債券指數 ＜將跳至 173 頁，查看你的投資成果。＞

你的選擇是：一年期新台幣定期存款

　　20 年過去了，你的總報酬率是 50.73％。考慮通膨問題，你的利息實質總報酬率是 24.49％，不到名目總報酬率的二分之一。由這個例子，你可以發現通膨對投資報酬率的影響，在通貨膨脹率大於定存利率的情況下，就算有複利效果，錢也只會愈存愈薄。

歷年新台幣一年存款之名目與實質報酬表現

年	一年期存款牌告利率[1] （年底值）	累積報酬率	通貨膨脹率 （年增率）	實質定存利率[2]	實質累積報酬率
1998	5.44%	0.00%	1.68%		0.00%
1999	5.03%	5.44%	0.18%	5.26%	5.26%
2000	5.00%	10.74%	1.26%	3.77%	9.23%
2001	2.41%	16.28%	-0.01%	5.01%	14.70%
2002	1.86%	19.08%	-0.20%	2.61%	17.69%
2003	1.40%	21.30%	-0.28%	2.14%	20.21%
2004	1.52%	23.00%	1.61%	-0.21%	19.96%
2005	1.99%	24.87%	2.31%	-0.79%	19.01%
2006	2.20%	27.35%	0.60%	1.39%	20.67%
2007	2.62%	30.15%	1.80%	0.40%	21.15%
2008	1.42%	33.56%	3.52%	-0.90%	20.06%
2009	0.89%	35.46%	-0.87%	2.29%	22.81%
2010	1.13%	36.66%	0.97%	-0.08%	22.71%
2011	1.36%	38.21%	1.42%	-0.29%	22.35%
2012	1.36%	40.09%	1.93%	-0.57%	21.66%
2013	1.36%	41.99%	0.79%	0.57%	22.35%
2014	1.36%	43.92%	1.20%	0.16%	22.55%
2015	1.21%	45.88%	-0.30%	1.66%	24.58%

（接下頁）

1　為中央銀行網站公告之國內五大銀行之平均一年期牌告定存利率年底值。

2　第一年定存利息計算自 1998 年底計算至 1999 年底，故牌告定存利率應為 5.44％；由於計息期間為 1999 年全年度，扣除 1999 年通貨膨脹率後，可得到 1999 年實質之定存利率，以此類推。

年	一年期存款牌告利率[1]（年底值）	累積報酬率	通貨膨脹率（年增率）	實質定存利率[2]	實質累積報酬率
2016	1.04%	47.65%	1.39%	-0.18%	24.36%
2017	1.04%	49.18%	0.62%	0.42%	24.88%
2018	1.04%	50.73%	1.35%	-0.31%	24.49%

新台幣一年期定存 20 年累積報酬率與實質累積報酬率

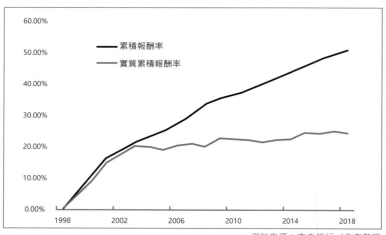

資料來源：中央銀行／作者整理

如上圖所示，在考量通貨膨脹的情況下，承作一年期定期存款，實質報酬率會有近 10 年幾乎紋風不動，若再考量台灣經濟成長率，承作定期存款的機會成本著實不低。

如果你也認同你還需要了解一些投資的概念，請你翻開 27 頁，耐著性子，跟著咪咪老師一起學習。

你的選擇是：一年期美元定期存款

　　20 年過去了，你選擇美元定期存款，報酬率是 51.05％，但別忘了，要在台灣生活，要換成新台幣，換回來只有 36.2％。對了，這還沒考慮通膨問題呢！你確定將錢存在銀行是個穩當保本的好方式？

歷年美元一年存款之名目與實質報酬表現

年	一年期美元存款牌告利率[3]（年底值）	累積報酬率（美元）	新台幣匯率（年底值）	換算成新台幣後之累積報酬率
1998	4.60%	0.00%	33.445	0.00%
1999	5.50%	4.60%	32.266	0.91%
2000	4.80%	10.35%	31.225	3.03%
2001	1.60%	15.65%	33.800	16.88%
2002	0.90%	17.50%	34.575	21.47%
2003	0.75%	18.56%	34.418	22.01%
2004	2.35%	19.45%	33.422	19.36%
2005	4.30%	22.25%	32.167	17.58%
2006	4.55%	27.51%	32.531	24.03%
2007	3.55%	33.31%	32.842	30.91%
2008	1.05%	38.05%	31.517	30.09%
2009	0.65%	39.49%	33.049	37.84%
2010	0.65%	40.40%	31.642	32.83%
2011	0.80%	41.31%	29.464	24.49%
2012	0.80%	42.44%	29.614	26.13%
2013	0.80%	43.58%	29.770	27.81%
2014	0.80%	44.73%	30.368	31.42%
2015	0.90%	45.89%	31.898	39.14%
2016	1.05%	47.20%	32.318	42.24%
2017	1.55%	48.75%	30.439	35.38%
2018	2.15%	51.05%	30.156	36.20%

3　為中央銀行網站公告之台灣銀行一年期美元牌告定存利率年底值。

美元一年期定存20年累積報酬率與實質累積報酬率

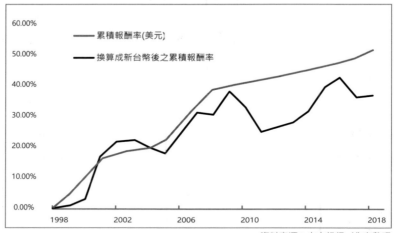

資料來源：中央銀行／作者整理

　　由上圖可以明顯看出，匯率風險對於投資報酬率之影響。因此，就算是保守的投資人想做外幣定存，一定要留意匯率波動，免得賺了利息，但賠上了匯率。

　　如果你也認同你還需要了解一些投資的概念，請你翻開27頁，耐著性子，跟著咪咪老師一起學習。

你的選擇是：美國股市 S&P 500 總報酬指數

20 年過去了，你的總報酬率是 198.45%。

美國股市 S&P 500 總報酬指數表現

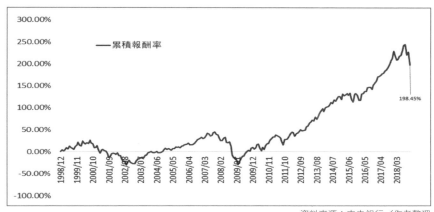

資料來源：中央銀行／作者整理

美國股市 S&P 500 總報酬指數單年度報酬表現

年度	1999	2000	2001	2002	2003	2004	2005	2006	2007	2008
單年度報酬	21.0%	-9.1%	-11.9%	-22.1%	28.7%	10.9%	4.9%	15.8%	5.5%	-37.0%

年度	2009	2010	2011	2012	2013	2014	2015	2016	2017	2018
單年度報酬	26.5%	15.1%	2.1%	16.0%	32.4%	13.7%	1.4%	12.0%	21.8%	-4.4%

資料來源：S&P、作者整理

想知道其他投資市場的報酬表現嗎？請至 174 頁。

你的選擇是：MSCI AC 全世界股票總報酬指數

20 年過去了，你的總報酬率是 166.58％。

MSCI AC 全世界股票總報酬指數表現

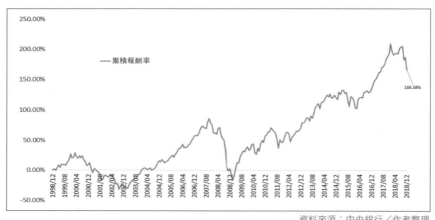

資料來源：中央銀行／作者整理

MSCI AC 全世界股票總報酬指數單年度報酬表現

年度	1999	2000	2001	2002	2003	2004	2005	2006	2007	2008
單年度報酬率	26.82%	-13.94%	-15.91%	-18.98%	34.63%	15.75%	11.37%	21.53%	12.18%	-41.85%

年度	2009	2010	2011	2012	2013	2014	2015	2016	2017	2018
單年度報酬率	35.41%	13.21%	-6.86%	16.80%	23.44%	4.71%	-1.84%	8.48%	24.62%	-8.93%

資料來源：MSCI，作者整理

想知道其他投資市場的報酬表現嗎？請至 174 頁。

你的選擇是：MSCI 新興市場總報酬指數

20 年過去了，你的總報酬率是 444.97％。

MSCI 新興市場總報酬指數表現

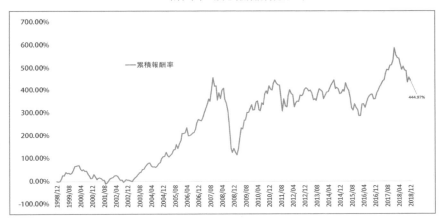

MSCI 新興市場總報酬指數單年度報酬表現

年度	1999	2000	2001	2002	2003	2004	2005	2006	2007	2008
單年度報酬率	66.41%	-30.61%	-2.37%	-6.00%	56.28%	25.95%	34.54%	32.55%	39.82%	-53.18%

年度	2009	2010	2011	2012	2013	2014	2015	2016	2017	2018
單年度報酬率	79.02%	19.20%	-18.17%	18.63%	-2.27%	-1.82%	-14.60%	11.60%	37.75%	-14.24%

資料來源：MSCI，作者整理

想知道其他投資市場的報酬表現嗎？
請至 174 頁。

你的選擇是：美國政府債券總報酬指數

20 年過去了，你的總報酬率是 126.82%。

美國政府債券總報酬指數表現

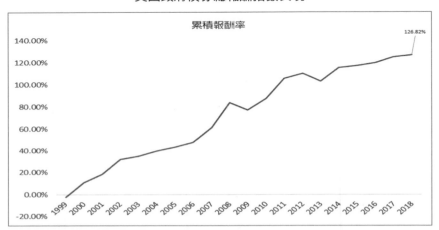

美國政府債券總報酬指數單年度報酬表現

年度	1999	2000	2001	2002	2003	2004	2005	2006	2007	2008
單年度報酬率	-2.38%	13.37%	6.74%	11.57%	2.26%	3.50%	2.81%	3.14%	9.06%	13.98%

年度	2009	2010	2011	2012	2013	2014	2015	2016	2017	2018
單年度報酬率	-3.72%	5.88%	9.79%	2.16%	-3.35%	6.02%	0.83%	1.14%	2.43%	0.80%

資料來源：美林債券指數，作者整理

想知道其他投資市場的報酬表現嗎？請至 174 頁。

你的選擇是：歐洲政府債券總報酬指數

20 年過去了，你的總報酬率是 136.27%。

歐洲政府債券總報酬指數表現

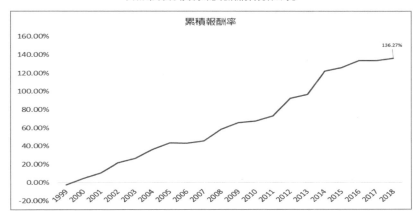

累積報酬率

歐洲政府債券總報酬指數單年度報酬表現

年度	1999	2000	2001	2002	2003	2004	2005	2006	2007	2008
單年度報酬率	-2.50%	7.21%	5.87%	9.77%	4.02%	7.68%	5.39%	-0.46%	1.88%	9.13%

年度	2009	2010	2011	2012	2013	2014	2015	2016	2017	2018
單年度報酬率	4.38%	1.05%	3.34%	11.15%	2.27%	13.16%	1.64%	3.32%	0.13%	1.00%

資料來源：美林債券指數，作者整理

想知道其他投資市場的報酬表現嗎？請至 174 頁。

你的選擇是：全球政府債券總報酬指數

20 年過去了，你的總報酬率是 100.17%。

全球政府債券總報酬指數表現

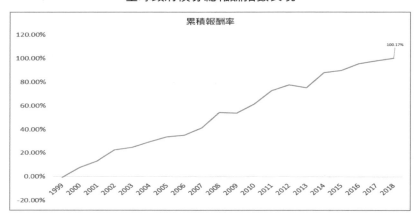

全球政府債券總報酬指數單年度報酬表現

年度	1999	2000	2001	2002	2003	2004	2005	2006	2007	2008
單年度報酬率	-0.50%	8.27%	5.24%	8.28%	1.64%	3.99%	3.20%	1.09%	4.53%	9.23%

年度	2009	2010	2011	2012	2013	2014	2015	2016	2017	2018
單年度報酬率	-0.32%	4.76%	7.07%	2.87%	-1.35%	7.25%	0.97%	3.00%	1.22%	1.10%

資料來源：美林債券指數，作者整理

想知道其他投資市場的報酬表現嗎？請至 174 頁。

你的選擇是：全球新興市場債券總報酬指數

20 年過去了，你的總報酬率是 323.31%。

全球新興市場債券總報酬指數表現

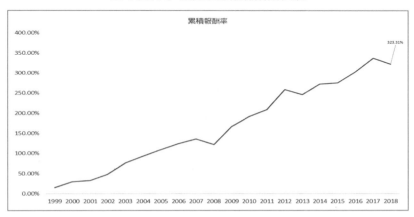

全球新興市場債券總報酬指數單年度報酬表現

年度	1999	2000	2001	2002	2003	2004	2005	2006	2007	2008
單年度報酬率	14.97%	12.50%	2.55%	11.70%	18.82%	9.33%	8.48%	7.17%	5.36%	-6.10%

年度	2009	2010	2011	2012	2013	2014	2015	2016	2017	2018
單年度報酬率	20.55%	9.48%	5.54%	16.08%	-3.38%	7.53%	1.01%	7.40%	8.55%	-3.32%

資料來源：美林債券指數，作者整理

想知道其他投資市場的報酬表現嗎？請至 174 頁。

你的選擇是：全球投資等級公司債總報酬指數

20 年過去了，你的總報酬率是 152.19%。

全球投資等級公司債總報酬指數表現

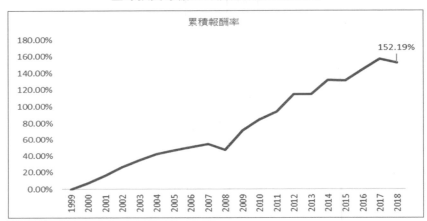

全球投資等級公司債總報酬指數單年度報酬表現

年度	1999	2000	2001	2002	2003	2004	2005	2006	2007	2008
單年度報酬率	0.07%	7.22%	8.28%	8.64%	6.60%	5.75%	3.19%	2.64%	2.62%	-4.73%

年度	2009	2010	2011	2012	2013	2014	2015	2016	2017	2018
單年度報酬率	16.27%	7.41%	5.16%	10.79%	0.05%	7.80%	-0.23%	5.69%	5.21%	-1.69%

資料來源：美林債券指數，作者整理

想知道其他投資市場的報酬表現嗎？請至 174 頁。

你的選擇是：美國（元）投資等級公司債總報酬指數

20 年過去了，你的總報酬率是 179.62%。

美國（元）投資等級公司債總報酬指數表現

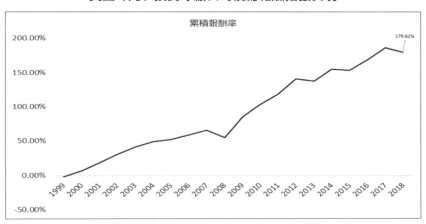

美國（元）投資等級公司債總報酬指數單年度報酬表現

年度	1999	2000	2001	2002	2003	2004	2005	2006	2007	2008
單年度報酬率	-1.89%	9.13%	10.70%	10.17%	8.31%	5.41%	1.97%	4.38%	4.64%	-6.82%

年度	2009	2010	2011	2012	2013	2014	2015	2016	2017	2018
單年度報酬率	19.76%	9.52%	7.51%	10.37%	-1.46%	7.51%	-0.63%	5.96%	6.48%	-2.25%

資料來源：美林債券指數，作者整理

想知道其他投資市場的報酬表現嗎？請至 174 頁。

你的選擇是：歐洲（元）投資等級公司債總報酬指數

20 年過去了，你的總報酬率是 127.33%。

歐洲（元）投資等級公司債總報酬指數表現

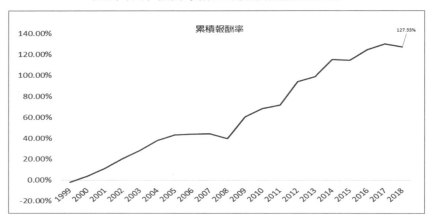

歐洲（元）投資等級公司債總報酬指數單年度報酬表現

年度	1999	2000	2001	2002	2003	2004	2005	2006	2007	2008
單年度報酬率	-1.90%	5.90%	6.85%	8.45%	6.47%	7.58%	4.04%	0.59%	0.22%	-3.28%

年度	2009	2010	2011	2012	2013	2014	2015	2016	2017	2018
單年度報酬率	14.90%	4.82%	1.99%	13.03%	2.39%	8.25%	-0.43%	4.75%	2.42%	-1.14%

資料來源：美林債券指數，作者整理

想知道其他投資市場的報酬表現嗎？請至 174 頁。

你的選擇是：新興企業債券總報酬指數

20 年過去了，你的總報酬率是 289.79%。

新興企業債券總報酬指數表現

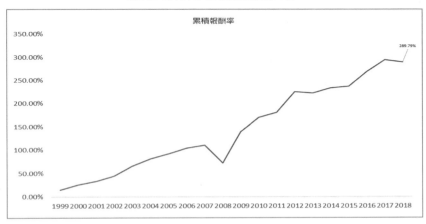

新興企業債券總報酬指數單年度報酬表現

年度	1999	2000	2001	2002	2003	2004	2005	2006	2007	2008
單年度報酬率	14.70%	9.69%	6.10%	8.72%	14.52%	9.14%	5.93%	6.14%	3.31%	-18.05%

年度	2009	2010	2011	2012	2013	2014	2015	2016	2017	2018
單年度報酬率	39.11%	12.43%	4.10%	15.66%	-0.92%	3.59%	1.11%	9.56%	6.87%	-1.31%

資料來源：美林債券指數，作者整理

想知道其他投資市場的報酬表現嗎？請至 174 頁。

你的選擇是：全球高收益債券總報酬指數

20 年過去了，你的總報酬率是 256.12%。

全球高收益債券總報酬指數表現

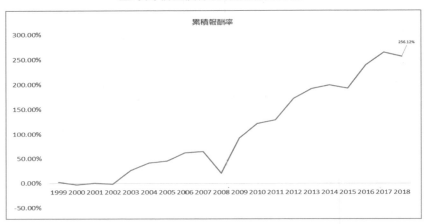

全球高收益債券總報酬指數單年度報酬表現

年度	1999	2000	2001	2002	2003	2004	2005	2006	2007	2008
單年度報酬率	2.85%	-5.40%	3.47%	-2.11%	28.20%	11.42%	3.15%	11.68%	1.56%	-27.10%

年度	2009	2010	2011	2012	2013	2014	2015	2016	2017	2018
單年度報酬率	60.62%	15.21%	3.14%	18.77%	7.06%	2.52%	-2.07%	15.89%	7.64%	-2.41%

資料來源：美林債券指數，作者整理

想知道其他投資市場的報酬表現嗎？請至 174 頁。

你的選擇是：美國（元）高收益公司債總報酬指數

20 年過去了，你的總報酬率是 247.07%。

美國（元）高收益公司債總報酬指數表現

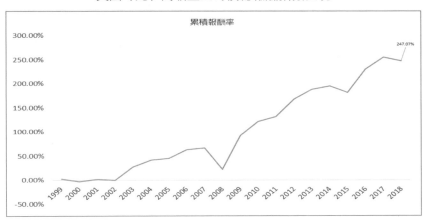

美國（元）高收益公司債總報酬指數單年度報酬表現

年度	1999	2000	2001	2002	2003	2004	2005	2006	2007	2008
單年度報酬率	2.51%	-5.12%	4.48%	-1.89%	28.15%	10.87%	2.74%	11.77%	2.19%	-26.39%

年度	2009	2010	2011	2012	2013	2014	2015	2016	2017	2018
單年度報酬率	57.51%	15.19%	4.38%	15.58%	7.42%	2.50%	-4.64%	17.49%	7.48%	-2.26%

資料來源：美林債券指數，作者整理

想知道其他投資市場的報酬表現嗎？請至 174 頁。

你的選擇是：歐洲（元）高收益公司債總報酬指數

20 年過去了，你的總報酬率是 185.69%。

歐洲（元）高收益公司債總報酬指數表現

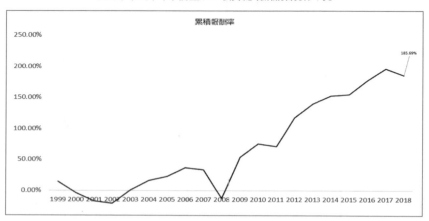

歐洲（元）高收益公司債總報酬指數單年度報酬表現

年度	1999	2000	2001	2002	2003	2004	2005	2006	2007	2008
單年度報酬率	14.50%	-15.87%	-13.97%	-4.97%	28.59%	14.56%	5.96%	11.10%	-2.26%	-34.22%

年度	2009	2010	2011	2012	2013	2014	2015	2016	2017	2018
單年度報酬率	74.88%	14.26%	-2.48%	27.21%	10.06%	5.48%	0.76%	9.07%	6.74%	-3.63%

資料來源：美林債券指數，作者整理

想知道其他投資市場的報酬表現嗎？請至 174 頁。

你的選擇是：新興市場高收益債券總報酬指數

20 年過去了，你的總報酬率是 377.43%。

新興市場高收益債券總報酬指數表現

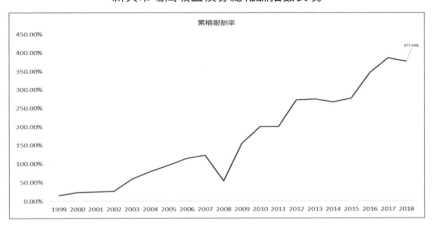

新興市場高收益債券總報酬指數單年度報酬表現

年度	1999	2000	2001	2002	2003	2004	2005	2006	2007	2008
單年度報酬率	15.47%	7.09%	0.87%	1.74%	26.01%	12.46%	9.34%	9.38%	3.47%	-30.59%

年度	2009	2010	2011	2012	2013	2014	2015	2016	2017	2018
單年度報酬率	65.25%	17.92%	0.13%	23.59%	0.62%	-2.02%	2.91%	18.39%	8.85%	-1.96%

資料來源：美林債券指數，作者整理

想知道其他投資市場的報酬表現嗎？請至 174 頁。

股票市場 20 年累積報酬率

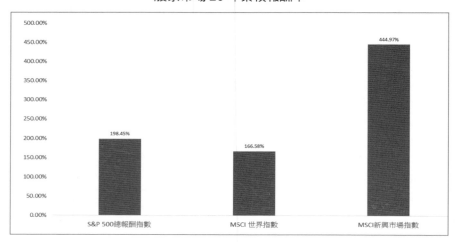

股票市場單年度報酬表現一覽表

單年度報酬率	1999	2000	2001	2002	2003	2004	2005	2006	2007	2008
S&P 500 總報酬指數	21.04%	-9.10%	-11.89%	-22.10%	28.68%	10.88%	4.91%	15.79%	5.49%	-37.00%
MSCI 世界指數	26.82%	-13.94%	-15.91%	-18.98%	34.63%	15.75%	11.37%	21.53%	12.18%	-41.85%
MSCI 新興市場指數	66.41%	-30.61%	-2.37%	-6.00%	56.28%	25.95%	34.54%	32.55%	39.82%	-53.18%

單年度報酬率	2009	2010	2011	2012	2013	2014	2015	2016	2017	2018
S&P 500 總報酬指數	26.46%	15.06%	2.11%	16.00%	32.39%	13.69%	1.38%	11.96%	21.83%	-4.38%
MSCI 世界指數	35.41%	13.21%	-6.86%	16.80%	23.44%	4.71%	-1.84%	8.48%	24.62%	-8.93%
MSCI 新興市場指數	79.02%	19.20%	-18.17%	18.63%	-2.27%	-1.82%	-14.60%	11.60%	37.75%	-14.24%

深灰色為當年度最高報酬市場，淺灰色表示為負報酬市場

債券市場 20 年累積報酬率

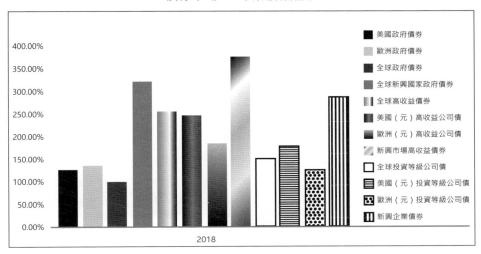

債券市場單年度報酬表現一覽表

單年度報酬率	美國政府債券	歐洲政府債券	全球政府債券	全球新興國家政府債券	全球高收益債券	美國（元）高收益公司債	歐洲（元）高收益公司債	新興市場高收益債券	全球投資等級公司債	美國（元）投資等級公司債	歐洲（元）投資等級公司債	新興企業債券
1999	-2.38%	-2.50%	-0.50%	14.97%	2.85%	2.51%	14.50%	15.47%	0.07%	-1.89%	-1.90%	14.70%
2000	13.37%	7.21%	8.27%	12.50%	-5.40%	-5.12%	-15.87%	7.09%	7.22%	9.13%	5.90%	9.69%
2001	6.74%	5.87%	5.24%	2.55%	3.47%	4.48%	-13.97%	0.87%	8.28%	10.70%	6.85%	6.10%
2002	11.57%	9.77%	8.28%	11.70%	-2.11%	-1.89%	-4.97%	1.74%	8.64%	10.17%	8.45%	8.72%
2003	2.26%	4.02%	1.64%	18.82%	28.20%	28.15%	28.59%	26.01%	6.60%	8.31%	6.47%	14.52%
2004	3.50%	7.68%	3.99%	9.33%	11.42%	10.87%	14.56%	12.46%	5.75%	5.41%	7.58%	9.14%
2005	2.81%	5.39%	3.20%	8.48%	3.15%	2.74%	5.96%	9.34%	3.19%	1.97%	4.04%	5.93%
2006	3.14%	-0.46%	1.09%	7.17%	11.68%	11.77%	11.10%	9.38%	2.64%	4.38%	0.59%	6.14%
2007	9.06%	1.88%	4.53%	5.36%	1.56%	2.19%	-2.26%	3.47%	2.62%	4.64%	0.22%	3.31%
2008	13.98%	9.13%	9.23%	-6.10%	-27.10%	-26.39%	-34.22%	-30.59%	-4.73%	-6.82%	-3.28%	-18.05%
2009	-3.72%	4.38%	-0.32%	20.55%	60.62%	57.51%	74.88%	65.25%	16.27%	19.76%	14.90%	39.11%
2010	5.88%	1.05%	4.76%	9.48%	15.21%	15.19%	14.26%	17.92%	7.41%	9.52%	4.82%	12.43%
2011	9.79%	3.34%	7.07%	5.54%	3.14%	4.38%	-2.48%	0.13%	5.16%	7.51%	1.99%	4.10%
2012	2.16%	11.15%	2.87%	16.08%	18.77%	15.58%	27.21%	23.59%	10.79%	10.37%	13.03%	15.66%
2013	-3.35%	2.27%	-1.35%	-3.38%	7.06%	7.42%	10.06%	0.62%	0.05%	-1.46%	2.39%	-0.92%
2014	6.02%	13.16%	7.25%	7.53%	2.52%	2.50%	5.48%	-2.02%	7.80%	7.51%	8.25%	3.59%
2015	0.83%	1.64%	0.97%	1.01%	-2.07%	-4.64%	0.76%	2.91%	-0.23%	-0.63%	-0.43%	1.11%
2016	1.14%	3.32%	3.00%	7.40%	15.89%	17.49%	9.07%	18.39%	5.69%	5.96%	4.75%	9.56%
2017	2.43%	0.13%	1.22%	8.55%	7.64%	7.48%	6.74%	8.85%	5.21%	6.48%	2.42%	6.87%
2018	0.80%	1.00%	1.10%	-3.32%	-2.41%	-2.26%	-3.63%	-1.96%	-1.69%	-2.25%	-1.14%	-1.31%

深灰色為當年度最高報酬市場，淺灰色表示為負報酬市場

🐾 債券真的不輸股市

由 1999 至 2018 年間各市場的報酬表現，讀者不難發現以下事實：

1. 各類債券報酬表現都比單純做美元定存佳。

2. 債券雖然相對股票波動度小，但仍有可能面臨連續年度下跌，因此，債券投資時，仍需要做研究，不能只依據殖利率高低來判斷。

3. 觀察貨幣政策很重要，但升息時公債和投資等級債券不一定會賠錢。例如：2004 至 2006 年美國聯準會升息循環時，美國的公債和投資等級債券為正報酬。

4. 債券報酬表現不見得會輸給股票，長期持有債券，有很高的機會可以獲得比股票還高的報酬率。例如：一般人認為美股獲利潛力很驚人，但 1999 至 2018 年間美國高收益債券的表現為 247.07％，硬是比美股的 198.45％ 好。雖然隨著取樣期間的不同，債券指數和股票指數的表現可能不同，但這個例子也告訴我們，債券能賺的比一般人想像得多。

5. 如果遇到市場修正，債券市場的回復速度普遍比股票市場快。

【咪咪老師的隨堂考】

1、假設你是個債券投資的偏好者，請你寫下在 Part 2 中，你的選擇路徑。
例如：債券→企業／公司債券→高收益債券→全球高收益債券→ 20 年的
總報酬率為 256.12%

2、請問以下關於政府債券的論述，何者正確？

（A）政府公債由政府掛保證，沒有倒帳風險，所以不同國家發行的公
債都是投資等級以上的。

（B）在美國，一年期以下的公債稱為國庫券（T-Bills）、2 ～ 10 年稱
為中期債券（T-Notes）、30 年期的稱為長期債券（T-Bonds）。

（C）歐元區公債指數中，以德國發行的債券占比最高。

（D）新興國家政府債券指數的存續期間為 7.67 年，世界政府債券指數
存續期間為 8.6 年，所以新興國家政府債券指數的利率風險比較
大。

3、請問以下關於投資等級以上債券的論述，何者正確？

（A）一般而言，因為新興國家的經濟成長率高於已開發國家，所以全
球投資等級債券指數中，新興國家占指數的比重，會比已開發國
家來得高。

（B）一般而言，美元投資級債券指數中的成份債，全部都會由美國
企業發行。

（C）綜觀美元投資級債券指數、歐洲投資等級債券指數及新興企業債
券指數，產業占比最高的都是工業類股。

（D）依據書中資料顯示，全球投資等級公司債指數、美國投資等級公司債指數、歐洲投資級公司債券指數、新興企業債券指數，以新興企業債券的綜合平均信評水準最低。

4、依據書中資料，請依據信用風險高→低，排序以下債券指數：全球投資等級公司債指數、美國投資等級公司債指數、歐洲投資級公司債券指數以及新興企業債券指數。

5、依據書中資料，當公債殖利率大幅反彈時，以下哪個債券指數的利率風險最高？哪個指數的利率風險最低？

全球投資等級公司債指數、美國投資等級公司債指數、歐洲投資級公司債券指數，以及新興企業債券指數。

6、請問以下關於高收益債券的論述，何者正確？

（A）一般而言，全球高收益債券指數中，美國企業的占比最低。

（B）投資等級債券被調降至高收益債券，稱為 Rising Star。

（C）高收益債券指數的利率風險會比投資等級債券指數低，但是信用風險會比投資等級債券高。

（D）如果一個債券指數的 CCC 等級債券占的比重愈高，通常這個指數的殖利率會愈高，風險愈低，十分值得投資。

7、請問以下關於新興市場債券的論述，何者正確？

(A) 都是高收益等級的債券

(B) 都是主權債

(C) 新興市場債券指數的綜合平均信用水準，一定比已開發國家的債券指數來得低。

(D) 不論投資等級或是高收益等級，新興債券指數的存續期間，通常會比已開發國家來得短。

（解答請見附錄）

Part 3

善用投資八堂課，
決定投資成效！

如果，我也有一隻「咪咪」

如果可以，我也想要有一隻「咪咪」。

但是，世上沒有後悔藥，或許真的有平行時空的存在，或許真能時空旅行，但是，回到過去只存在於想像中，至少以目前的科技，要輕易地回到過去，機會比被雷打到還低上許多。老天爺是公平的，時間過去，就是過去了，我們不可能將時間倒轉。所以我們要往前看。

經過第一篇的練習後，你應該會有一個感想：時間是我們的朋友，歷史可以做為借鏡。投資是為了儲蓄你的未來，現在你有了投資的概念，需要的是耐性及多一點點的練習。

本篇將是情境模擬，投資期間為 20 年，每 5 年做一次投資決策調整。在每個投資決定點，本書將簡單描述當時的國際社會及經濟情勢，幫助你做投資決定。請留意：這個描述是概略性的描述，你需要加上自己的推理與判斷，並且仔細推演可能情境，再做投資決定。

建議你可以在做投資決定時，在「我的想法與判斷」寫下你的分析與決定原因。後續在對照模擬答案時，你可以清楚知道自己做對什麼與做錯什麼，這樣的筆記，將會幫你建立良好的投資分析習慣。

這個投資模擬的報酬表現以指數計算，不考慮交易成本。在聚焦練習的訴求下，我們限定 5 個可投資市場，並且在每一個投資決策點提供 10 個投資組合選項。每 5 年告知你，過去 5 年的投資報酬表現，以及自投資組合開始之累積報酬表現，報酬表現將同時以新台幣與美元呈現，讓你了解匯率變化對投資報酬率的影響。希望透過這樣的練習，讓你體驗投資操作，進一步對你未來的實際投資有所幫助。

遊戲規則：

❶ 投資期間：20 年；每 5 年做投資檢討，並做未來 5 年投資配置。

❷ 可投資標的與配置

    A. 全球已開發國家指數

    B. 全球新興市場股票指數

    C. 全球投資等級債券指數

    D. 全球高收益債券指數

    E. 全球新興市場債券指數

❸ 可選擇之配置與比率

	全球已開發國家指數	全球新興市場股票指數	全球投資等級債券指數	全球高收益債券指數	全球新興市場債券指數
只投資股票市場					
Stock 1	100.0%	0.0%	-	-	-
Stock 2	0.0%	100.0%	-	-	-
Stock 3	70.0%	30.0%	-	-	-
Stock 4	30.0%	70.0%	-	-	-
只投資債券市場					
Bond 1	-	-	100.0%	-	-
Bond 2	-	-	-	100.0%	-
Bond 3	-	-	-	-	100.0%
Bond 4	-	-	33.3%	33.3%	33.3%
股票：債券＝ 7：3					
Balance 1	35.0%	35.0%	10.0%	10.0%	10.0%
股票：債券＝ 3：7					
Balance 1	15.0%	15.0%	23.3%	23.3%	23.3%

第一次投資決定

經濟背景：

依據國際貨幣基金（IMF）預估全球今年經濟成長率已降至 4％以下、通膨貨率為 6％，顯然，前一年新興亞洲國家所掀起的金融風暴逐漸擴散至世界其他地區，已造成全球經濟成長壓力。而近期俄羅斯政府將盧布貶值，違約國內發行的國債，並宣布暫停向外國債權人支付還款，已使得全球金融市場資金撤離新興國家，進一步加重全球景氣趨緩壓力；就連經濟體質穩健的工業國家都逐漸受到景氣轉趨低迷的威脅，使全球經濟遭受金融危機之負面衝擊；東南亞國家和地區的外匯市場和股票市場劇烈動盪，部分國家央行實施匯率管制。俄羅斯與巴西發生資金外逃現象，全球金融市場劇烈震盪。主要國家紛紛採取相對應之政策，國際貨幣基金亦陸續採取相對應之緊急紓困，以協助受創國家經濟重建。

同一時間，美國經濟情況仍相當良好，打破戰後最長經濟擴張期。全年經濟成長率可望維持在 4.5％左右的水準，通貨膨脹率維持在 2％以下水準，股票市場亦在年底再度創下歷史高峰，然而為了避免美國經濟受到國際經濟情勢影響，聯準會近期開始採取預防性降息。

未來全球趨勢及可能發生事件：

(1) 預估全球經濟結構調整、科技躍升、網路的普及以及跨國公司的勢力將日益增加，經濟全球化將更趨擴大與深化，而經濟全球化趨勢已改變國際投資方式及企業經營型態，全球資金快速流動、企業購併及策略聯盟風潮持續升溫。

(2) 市場對於能源與網際網路的討論與關注日益增加，金融市場持續關注新興國家的投資機會。

(3) 由於產油國家產量限制與地緣政治因素，油價在未來幾年可能有大幅度變化。

(4) 美國景氣擴張期為戰後最長，相較於國際經濟情勢，美國經濟相對穩定，原則上並不需要降息刺激經濟。聯準會因擔心國際經濟情勢而採取「預防性降息[1]」後，未來可能會面臨再度升息的情況。

(5) 部分新興國家仍存在金融危機、政治不穩定和缺乏抗拒外部衝擊的能力等問題。亞洲新興國家在力行結構調整後，可能逐漸步上正軌。

(6) 美元指數將因聯準會之貨幣政策與避險需求持續升高。

各主要經濟指標與市場指數近兩年表現如下：

年	全球實質經濟成長率（GDP,%）	全球通貨膨脹率（CPI,%）	歐洲（歐元區）實質經濟成長率（GDP,%）	日本實質經濟成長率（GDP,%）	美國實質經濟成長率（GDP,%）	美國通貨膨脹率（CPI,%）	美元指數（DXY）	美國聯準會全年利率變動
前一年	3.86	6	3.4	-0.3	4.4	1.7	99.65	升息一碼（0.25%）
現今	2.21	5.5	1.9	-0.7	4.5	1.6	94.17	降息3碼（0.75%）

資料來源：作者整理

---

3 預防性降息為預防經濟減緩及通膨進一步下滑，所採行的降息措施。

以下市場報酬率皆為含息之總報酬率

年	MSCI 已開發 國家股票指數	MSCI 新興國家 股票指數	全球投資等級 債券指數	全球高收益 債券指數	全球新興市場 債券指數
前一年	16.23%	-11.59%	8.86%	12.84%	13.83%
現在	24.80%	-25.34%	7.63%	2.90%	-10.27%

資料來源：作者整理

我的投資選擇為：（請勾選下列一項資產配置決定）

配置選擇	投資決定
100% 已開發國家股票	
100% 新興市場股票	
70% 已開發／30% 新興市場	
30% 已開發／70% 新興市場	
100% 全球投資等級債	
100% 全球高收益債	
100% 全球新興主權債	
1／3 投資級：1／3 高收益：1／3 新興債	
股票 70%：債券 30%	
股票 30%：債券 70%	

「我的想法與判斷」

_____

_____

_____

第一個 5 年投資結果與說明

數據變化：

年	全球實質經濟成長率（GDP,%）	全球通貨膨脹率（CPI,%）	歐洲（歐元區）實質經濟成長率（GDP,%）	日本實質經濟成長率（GDP,%）	美國實質經濟成長率（GDP,%）	美國通貨膨脹率（CPI,%）	美元指數（DXY）	美國聯準會全年利率變動
1	3.5	5.6	3.9	-0.7	4.8	2.7	101.87	升息 3 碼（0.75%）
2	4.55	4.6	3.4	2.6	4.1	3.4	109.56	升息 4 碼（1.00%）
3	2.16	4.3	1.4	-1.5	1	1.6	116.75	降息 19 碼（4.75%）
4	2.53	3.3	1.2	1.3	1.7	2.4	101.85	降息 2 碼（0.50%）
5	3.44	3.5	1	1.9	2.9	1.9	86.92	降息 1 碼（0.25%）

資料來源：作者整理

主要市場報酬表現

年	MSCI 已開發國家股票指數	MSCI 新興國家股票指數	全球投資等級債券指數	全球高收益債券指數	全球新興市場債券指數
1	25.34%	66.41%	0.07%	2.85%	14.97%
2	-12.92%	-30.61%	7.22%	-5.40%	12.50%
3	-16.52%	-2.37%	8.28%	3.47%	2.55%
4	-19.54%	-6.00%	8.64%	-2.11%	11.70%
5	33.76%	56.28%	6.60%	28.20%	18.82%

資料來源：作者整理

	全球已開發國家指數	全球新興市場股票指數	全球投資等級債券指數	全球高收益債券指數	全球新興主權債券指數
期間累積報酬率	-1.94%	65.60%	34.56%	26.34%	76.03%

資料來源：作者整理；以上市場報酬率皆為含息之總報酬率

綜觀過去 5 年經濟情勢，由於先前新興市場的金融不穩定狀況，導致全球經濟成長走緩，惟在各國政府採取緊急措施及國際貨幣基金協助紓困下，第一年開始全球經濟成長開始回溫。整體而言，美國歐洲日本經濟成長率仍低於全球成長水準，顯示新興國家成長力道優於已開發國家。

如先前在「未來全球趨勢及可能發生事件」所述，美國聯準會因為擔心國際經濟情勢與通膨趨緩而採取預防性降息，未來可能會面臨需要再度升息的情況。依據過去歷史經驗，在景氣未出現轉向時所實施的預防性降息，將可能造成景氣過熱及通膨大幅上升的情形。同時，油價在此一時間開始上漲，亦帶動通膨壓力，在面對通膨壓力升高及景氣有過熱的情況下，聯準會亡羊補牢連續升息。惟因為景氣已近末升息段，聯準會的緊縮貨幣政策，戳破資產泡沫，造成美國經濟成率出現二次單季負成長，同時間又面臨恐怖攻擊，全球金融市場面臨明顯修正。

同一時期，位於拉丁美洲之阿根廷發生金融危機，由於阿根廷進入償債高峰，而國內資本外逃卻日益嚴重。同時因內需不旺等原因，工業生產大幅度下降。阿根廷金融市場出現較大動盪，股市指數下挫，債券價格狂跌，國家風險指數上升到前所未有的水平。由於經濟惡化、稅收減少和債務纏身等多種原因，阿根廷政府實施財政緊縮政策，引發另一波市場危機，並產生政治風險暴，阿根廷比索大幅度貶值。所幸包括美

國在內的主要已開發國家及新興國家政策採取寬鬆刺激政策，全球景氣與金融市場逐步回穩攀升。

此一期間，有幾件全球大事件發生。其一是 11 個歐洲聯盟成員國達到了歐元趨同標準，由此歐元區成立，實體歐元紙幣和硬幣正式發行，取代所有國家貨幣。其二是，「金磚四國」崛起。高盛首席經濟學家吉姆・奧尼爾（James O'Neill）於研究報告中預測，到 2050 年，世界經濟格局將重新洗牌，「金磚四國」將超越包括英國、法國、義大利、冰島、德國在內的西方已開發國家，與美國、日本躋身全球新的六大經濟體。高盛這份報告出爐後，中國、印度、俄羅斯和巴西做為新興市場國家的領頭羊，受到世界廣泛關注，「金磚四國」這一概念由此風靡全球。

由過去 5 年主要市場報酬表現中，我們可以發現幾個現象：

(1) 在單一年度裡，股票市場的漲幅可以遠遠大於債券市場。

(2) 股票市場會連續幾年持續下跌，但債券市場似乎沒有這種現象。

(3) 股票表現不好時，高收益債券的表現也相對比較弱。

(4) 投資等級債券的表現，不一定比高收益債券差。

(5) 雖然部分新興國家面臨金融危機，但是過去 5 年新興主權債券的報酬穩定度高於新興國家股市的表現。

關於第 (1) 點，相信符合多數讀者的想像：股票的漲幅本來就應該大於債券；債券的跌幅應該小於股票。不過，這並不是鐵律。

第 (2) 點，為何債券指數較少出現連續幾個年度下跌的情況？回歸債券投資的本質，債券投資是將錢借人，按時領取利息，到期將本金拿回。最擔心的是違約風險，如果持有到到期日，而且沒有違約的情況發

生，債券投資的報酬率在投資當下便已經被決定。但是在金融市場中，債券會面臨評價問題，所以價格會有波動，如果因為市場風險趨避造成價格下跌，這個下跌有時是過度反應的，通常等到事件風險過後，市場評價又會回到正常水準，還給超跌的債券價格一個公道。此外，債券是領取利息的，隨著時間利息會累計增加，因此，債券指數較少連續幾個年度下跌。

第 (3) 點，高收益債券本身有較高的信用風險，與股票的風險貼水相關性高。

第 (4) 點，投資等級債券的存續期間大於高收益債券，故在中央銀行（此處為美國聯準會）降息的過程中，投資等級債券表現會優於高收益債券。另外，在景氣由擴張的末階段要進入衰退時，投資等級債券表現也會比較好，主要是投資人擔心高收益債券的違約情況會增加。

第 (5) 點，新興國家在發行外債時，會發行外幣計價債券，通常是以美元計算。能夠發行外幣債券的國家，通常經濟體質也相對良好。一般而言，為了未來能夠順利於國際市場籌資，新興國家通常不會輕易對外債違約。而在過去 5 年期間，美國聯準會降息，由於此一新興主權債指數為美元計價，會受到美國貨幣政策影響，而新興主權債的存續期間長，又為投資等級，會受惠聯準會的降息政策。如果再考量債券隨著時間累積資本的特質，就能夠理解為什麼部分新興國家有金融危機，新興主權債券指數的報酬表現仍相對穩定。

投資組合報酬率

第一個 5 年

投資組合	USD	TWD
100% 已開發國家股票	-1.94%	3.39%
100% 新興市場股票	65.60%	74.60%
70% 已開發／30% 新興市場	18.32%	24.75%
30% 已開發／70% 新興市場	45.34%	53.24%
100% 全球投資等級債	34.56%	41.91%
100% 全球高收益債	26.34%	33.25%
100% 全球新興主權債	76.03%	85.65%
1／3 投資級：1／3 高收益：1／3 新興債	40.12%	47.76%
股票 70%：債券 30%	35.98%	43.38%
股票 30%：債券 70%	41.50%	49.22%

資料來源：作者整理

　　過去 5 年，歷經全球經濟走緩及股票市場大幅度修正，在聯準會寬鬆貨幣政策的環境下，債券指數表現優於股票市場，信用評等較佳之全球投資等級債及全球新興主權債表現最優；新興國家在此一時期受到金融市場矚目，資金持續流入新興市場，以單一年度分析，在市場多頭時，新興債券指數表現並沒有新興股票指數佳，但由於新興債券的穩定息收特性，在市場風險趨避時，發揮避險功能，在過去 5 年年度的的總報酬率，反而優於新興股市場指數的表現。在已開發國家股票市場指數與全球投資等級債券指數之間，也有相同的現象。

　　這也提醒我們在做投資時，要撤除「投資股票一定比投資債券容易獲利」的想法。此外，過去 5 年新台幣兌美元為貶值走勢，故以新台幣計算之報酬表現優於美元計算之報酬表現。提醒讀者在做海外配置時，需要留意匯兌風險。

第二次投資決定

 經濟背景：

經歷過一番調整後，全球經濟呈現復甦現象，新興國家成長速度更是令人驚豔。在通貨膨脹方面。國際貨幣基金認為，未來全球大多數國家不大可能經歷日本式的通貨緊縮，但世界各國的中央銀行依然需要對緩慢的通貨膨脹保持警惕。

過去 5 年美國聯準會因為擔憂國際經濟情勢與金融市場不穩定會禍及美國，而採取了「預防性降息」措施，伴隨而來為景氣過熱及金融市場泡沫化；為抑制過熱景氣與通膨，聯準會反向升息刺破景氣泡沫，美國股市場大幅修正，面臨經濟負成長；隨後兩年，聯準會降息 21 碼，以求刺激經濟復甦。

同一期間，歐洲貨幣整合成功，日本經濟持續疲弱不堪，新興國家經濟有復甦跡象。過去 5 年部分新興市場國家面臨金融危機，且有俄羅斯與阿根廷之債務危機，然投資機構預期全球經濟格局將重新洗牌，金融市場仍持續聚焦於新興國家。

未來全球趨勢及可能發生事件：

(1) 國際資金對美元資產偏好度下降，美元走勢有趨弱跡象。

(2) 市場對於衍生性金融商品接受度逐漸升高，追求收益需求加持下，固定收益商品的創新如雨後春筍。

(3) 聯準會低利率政策下，美國房屋市場熱度持續上升，泡沫化機率升高。

(4) 投資機構預期全球經濟格局將重新洗牌，金融市場關注焦點逐漸轉移至新興國家。

(5) 由於需求變化、產油國家產量限制與地緣政治因素，油價在未來幾年可能有大幅度變化。

(6) 中國等新興國家致力於經濟改革與開放。

(7) 中東情勢一觸即發，國際恐怖活動猖獗，台海關係日益緊張。

(8) 商品價格因資金流向與實質需求變化而波動加大。

各主要經濟指標與市場指數近兩年表現如下：

年	全球實質經濟成長率（GDP,%）	全球通貨膨脹率（CPI,%）	歐洲（歐元區）實質經濟成長率（GDP,%）	日本實質經濟成長率（GDP,%）	美國實質經濟成長率（GDP,%）	美國通貨膨脹率（CPI,%）	美元指數（DXY）	美國聯準會全年利率變動
前一年	2.53	3.3	1.2	1.3	1.7	2.4	101.85	降息2碼（0.50%）
現在	3.44	3.5	1	1.9	2.9	1.9	86.92	降息1碼（0.25%）

資料來源：作者整理

年	MSCI已開發國家股票指數	MSCI新興國家股票指數	全球投資等級債券指數	全球高收益債券指數	全球新興市場債券指數
前一年	-19.54%	-6.00%	8.64%	-2.11%	11.70%
現在	33.76%	56.28%	6.60%	28.20%	18.82%

資料來源：作者整理；以上市場報酬率皆為含息之總報酬率

我的投資選擇為：（請勾選下列一項資產配置決定）

配置選擇	投資決定
100% 已開發國家股票	
100% 新興市場股票	
70% 已開發／30% 新興市場	
30% 已開發／70% 新興市場	
100% 全球投資等級債	
100% 全球高收益債	
100% 全球新興主權債	
1／3 投資級：1／3 高收益：1／3 新興債	
股票 70%：債券 30%	
股票 30%：債券 70%	

「我的想法與判斷」

_____

_____

_____

_____

_____

_____

第二個 5 年投資結果與說明

數據變化：

年	全球實質經濟成長率（GDP,%）	全球通貨膨脹率（CPI,%）	歐洲（歐元區）實質經濟成長率（GDP,%）	日本實質經濟成長率（GDP,%）	美國實質經濟成長率（GDP,%）	美國通貨膨脹率（CPI,%）	美元指數（DXY）	美國聯準會全年利率變動
1	5.06	3.6	1.7	1	3.8	3.3	80.85	升息 5 碼（1.25%）
2	4.5	3.8	2.2	2.2	3.5	3.4	91.17	升息 8 碼（2.00%）
3	4.93	3.6	3.8	1.6	2.9	2.5	83.65	升息 4 碼（1.00%）
4	4.85	3.7	2.3	0.9	1.9	4.1	76.695	降息 4 碼（1.01%）
5	2.2	5.8	-2.1	-3.7	-0.1	0.1	81.308	降息 16 碼（4.00%）

資料來源：作者整理

主要市場報酬表現：

年	MSCI 已開發國家股票指數	MSCI 新興國家股票指數	全球投資等級債券指數	全球高收益債券指數	全球新興市場債券指數
1	15.25%	25.95%	5.75%	11.42%	9.33%
2	10.02%	34.54%	3.19%	3.15%	8.48%
3	20.65%	32.55%	2.64%	11.68%	7.17%
4	9.57%	39.82%	2.62%	1.56%	5.36%
5	-40.33%	-53.18%	-4.73%	-27.10%	-6.10%

資料來源：作者整理

	全球已開發國家指數	全球新興市場股票指數	全球投資等級債券指數	全球高收益債券指數	全球新興主權債券指數
期間累積報酬率	0.01%	47.03%	9.51%	-4.97%	25.75%

資料來源：作者整理；以上市場報酬率皆為美元計價含息之總報酬率

以中國為首之新興經濟體藉由內需帶動經濟成長，似有與歐美等已開發國家一別苗頭之勢。由於國際原油價格飆升，加上其他原物料行情位居高檔，主要國家躉售物價指數（WPI）年增率多數呈現上揚，連帶也影響消費者物價指數（CPI）升高。就貨幣政策而言，為防範通膨復燃，部分主要工業先進國家採取升息措施，官方利率紛紛由歷史之低水準回升。以美國聯準會為例，此一期間曾連續升息17碼。在貨幣政策持續緊縮下，近年來由資金堆砌而成的資產泡沫被一一戳破，由房屋市場信貸危機所引發的金融危機，讓全球流動性驟然下降，引發全球性的流動性風險。國際金融情勢惡化，先進經濟體經濟疲弱，進而衝擊新興經濟體，導致全球景氣明顯趨緩，經濟展望轉趨悲觀，多數國際機構大幅調降經濟成長預測。為提振景氣，近一年以來，歐美主要國家及部分亞洲新興國家，陸續推出各項振興經濟方案，包括以減稅或退稅方式激勵民間消費支出、擴大公共支出、促進就業及援助房市等措施。

由過去5年主要市場報酬表現中，我們可以發現幾個現象：

(1) 在主要國家央行持續升息的過程中，全球股票市場與債券市場都是正報酬。

(2) 不論是股票市場或是債券市場，除了最後一年外，新興市場表現比已開發國家來得亮眼。

(3) 以整個期間分析，高收益債券的表現竟然不如股票市場。

關於第 (1) 點，許多人相信寬鬆的貨幣政策對股票和債券的價格有利，反之，緊縮的貨幣政策是不利的。因此，有些人推測分析會建立在主要國家央行的貨幣政策上，然而，若沒有考量其他總體基本資料，並全盤考量前因後果，便可能會在做投資決策時失準。就如同這段時間，主要國家的升息，是為了抑制日益高漲的通貨膨脹，但同一時間，全球的經濟成長動能還是非常強勁，想必大家應該有聽過德國最負盛名的投資大師安德烈·科斯托蘭尼（1906～1999 年）對經濟和股市的描述：經濟和股市的關係就像主人與狗，狗永遠跑在主人的前面，但牠離開主人有一段距離的時候，又會跑回來找主人。

　　不論股票或債券，投資分析還是得回歸到經濟基本面。此外，我們設定的債券可投資市場投資等級公司債、高收益債券、新興市場主權債，此三類型債券與景氣都有一定程度的正相關，亦即景氣好時，這三類債券利差有收斂的機會，也就是殖利率會下跌，債券價格與殖利率呈反向關係，因此景氣好時，債券價格也有上漲的機會。所以不要一聽到中央銀行要升息，就直接聯想債券價格要下跌了，進而賣出自己的債券投資部位。在做投資時，除非你有一套很熟悉且勝率很高的操作策略，否則千萬不要只單憑中央銀行是否升息來做買賣的依據。

　　第 (2) 點，為什麼不論股票或債券，新興國家的表現都優於已開發國家？這仍然要回歸到基本面。這段時間，新興國家進行經濟結構調整與基礎建設發展，國內需求成長強勁，經濟表現的確優於已開發國家，新興國家政策致力於改革開放，吸引外資投資，形成正向的經濟與金融環境循環，因此在市場風險偏好上升時，不論新興市場股票或債券的價格報酬表現，都優於已開發國家。這現象也再次提醒我們，了解並研究經濟基本面，對於長期投資很有幫助。

第 (3) 點，以整個期間分析，高收益債券的表現竟然不如股票市場表現，這一點可能超乎投資人的想像。為了比較分析，我們會取相同時間點下，各市場的報酬表現來做比較分析，因此可能因為取樣截點的不同，而產生債券的表現竟然不如股票市場表現的情況。此外，此一時期全球市場發生信貸危機，高收益債券首當其衝，高收益的買盤幾乎全面收手，在流動性不足的情況下，一定會產生價格超跌的現象。回歸到債券投資的本質，只要不違約，便可以賺取買入當時殖利率的約當報酬，這是個累積的概念。因此再將時間點拉長，市場超跌的部分會回穩，並還給債券一個公道，讀者會發現債券的表現的確比股票穩健。這也是為什麼在債券指數超跌時（殖利率大幅反彈）買入債券，通常可以賺取相對較高的報酬率（除了票面的利息收入外，還有資本利得）。

投資組合報酬率

| | 前一期間 | | 本期間 | |
投資組合	USD	TWD	USD	TWD
100% 已開發國家股票	-1.94%	3.39%	0.01%	-3.32%
100% 新興市場股票	65.60%	74.60%	47.03%	42.14%
70% 已開發／30% 新興市場	18.32%	24.75%	14.12%	10.32%
30% 已開發／70% 新興市場	45.34%	53.24%	32.93%	28.50%
100% 全球投資等級債	34.56%	41.91%	9.51%	5.74%
100% 全球高收益債	26.34%	33.25%	-4.97%	-8.24%
100% 全球新興主權債	76.03%	85.65%	25.75%	21.43%
1／3 投資級：1／3 高收益：1／3 新興債	40.12%	47.76%	10.09%	6.31%
股票 70%：債券 30%	35.98%	43.38%	19.49%	15.48%
股票 30%：債券 70%	41.50%	49.22%	14.12%	57.75%

資料來源：作者整理

　　過去 5 年，雖然歐美等已開發家經濟實力不弱，但全球投資焦點擺在新興市場的趨勢與氛圍，加上許多新興國家力圖在經濟成長與改革開放上有所表現，整體而言，不論股票投資或債券投資，新興市場的報酬表現都優於已開發國家。同一時間，屬於新興貨幣的新台幣也明顯升值，新台幣計價報酬率明顯低於美元計價報酬率。再次提醒，匯率風險是外幣資產投資不可忽略的風險。

第三次投資決定

 經濟背景：

　　金融危機帶來的衝擊持續發酵，全球經濟跌至二戰來最低水平。從美國的華爾街到英國的高街，許多耳熟能詳的老字號砰然倒地。與此同時，許多國家的失業率不斷攀升，主要經濟體系紛紛下調利率並維持在歷史低位，但仍不足以提振經濟。各政府遂相繼祭出龐大經濟刺激措施，並因此債台高築。主要國家中央銀行為挽救經濟，推出量化寬鬆的貨幣政策，在為市場注入大筆資金同時，歐美政府大刀闊斧進行金融改革，收緊金融監管、打擊銀行肥貓。英國向銀行開徵超級紅利稅，德、法等國對此表示讚許或表示考慮跟隨。貨幣供應量增大帶來流動性氾濫與資產泡沫，這一點在新興市場尤為明顯，各地通膨壓力及本幣貶值風險加大，政府何時以及如何從刺激計畫中及時全身而退，令各界關注。

　　全球經濟一體化、全球氣候暖化促使國際在對抗經濟衰退、尋求減排共識等方面，不得不開展合作，規模不斷擴大的新興市場比以往更受到重視。

未來全球趨勢及可能發生事件：

(1) 歐洲部分國家發生債務危機，引發蔓延全球之疑慮。

(2) 在控制財政赤字壓力下，中央銀行貨幣政策成為各國政府刺激經濟的主要工具。

(3) 全球人口高齡化問題逐漸受到重視。

(4) 全球通膨無明顯上揚壓力，黃金有結束多頭行情的跡象。

(5) 主要國家自然利率趨勢向下,似乎沒有反轉跡象。

(6) 科技創新持續受到重視,並廣泛運用到醫療、金融、工業層面。

(7) 新興國家引發的民粹主義在全球延燒,恐怖組織活動日益升高。

(8) 全球地緣政治緊張,地震天災不斷。

(9) 能源生產技術出現革命性創新,頁岩油產量開始影響油市供需。

各主要經濟指標與市場指數近兩年表現如下:

年	全球實質經濟成長率(GDP,%)	全球通貨膨脹率(CPI,%)	歐洲(歐元區)實質經濟成長率(GDP,%)	日本實質經濟成長率(GDP,%)	美國實質經濟成長率(GDP,%)	美國通貨膨脹率(CPI,%)	美元指數(DXY)	美國聯準會全年利率變動
前一年	4.85	3.7	2.3	0.9	1.9	4.1	76.695	降息4碼(1.01%)
現在	2.2	5.8	-2.1	-3.7	-0.1	0.1	81.308	降息16碼(4.00%)

資料來源:作者整理

年	MSCI已開發國家股票指數	MSCI新興國家股票指數	全球投資等級債券指數	全球高收益債券指數	全球新興市場債券指數
前一年	9.57%	39.82%	2.62%	1.56%	5.36%
現在	-40.33%	-53.18%	-4.73%	-27.10%	-6.10%

資料來源:作者整理;以上市場報酬率皆為含息之總報酬率

我的投資選擇為：（請勾選下列一項資產配置決定）

配置選擇	投資決定
100% 已開發國家股票	
100% 新興市場股票	
70% 已開發／30% 新興市場	
30% 已開發／70% 新興市場	
100% 全球投資等級債	
100% 全球高收益債	
100% 全球新興主權債	
1／3 投資級：1／3 高收益：1／3 新興債	
股票 70%：債券 30%	
股票 30%：債券 70%	

「我的想法與判斷」：

_____

_____

_____

_____

_____

_____

第三個 5 年投資結果與說明

數據變化：

年	全球實質經濟成長率（GDP,%）	全球通貨膨脹率（CPI,%）	歐洲（歐元區）實質經濟成長率（GDP,%）	日本實質經濟成長率（GDP,%）	美國實質經濟成長率（GDP,%）	美國通貨膨脹率（CPI,%）	美元指數（DXY）	美國聯準會全年利率變動
1	-0.4	2.4	-2.3	-1.3	-2.5	2.7	77.86	不變
2	5.42	3.8	2.4	3	2.6	1.5	79.028	不變
3	4.28	4.9	0.6	0.1	1.6	3	80.178	不變
4	3.32	4.2	-1.1	0.3	2.2	1.7	79.769	不變
5	3.33	4.3	0.7	2.7	1.8	1.5	80.035	不變

資料來源：作者整理

主要市場報酬表現：

年	MSCI 已開發國家股票指數	MSCI 新興國家股票指數	全球投資等級債券指數	全球高收益債券指數	全球新興市場債券指數
1	30.79%	79.02%	16.27%	60.62%	20.55%
2	12.34%	19.20%	7.41%	15.21%	9.48%
3	-5.02%	-18.17%	5.16%	3.14%	5.54%
4	16.54%	18.63%	10.79%	18.77%	16.08%
5	27.36%	-2.27%	0.05%	7.06%	-3.38%

資料來源：作者整理

	全球已開發國家指數	全球新興市場股票指數	全球投資等級債券指數	全球高收益債券指數	全球新興主權債券指數
期間累積報酬率	107.15%	102.44%	45.57%	142.69%	56.21%

資料來源：作者整理；以上市場報酬率皆為美元計價含息之總報酬率

全球金融市場持續去槓桿，持續擴大蔓延，國際金融情勢惡化，先進經濟體景氣疲弱，進而衝擊新興經濟體，導致全球景氣明顯下滑。由於需求疲弱，此一期間初期全球無明顯通膨壓力。為提振景氣，美國、日本、英國、澳洲及部分亞洲新興國家陸續推出各項振興經濟方案，包括以減稅或退稅方式激勵民間消費、擴大公共支出、促進就業、援助房市與其他產業等措施。就貨幣政策而言，為舒緩全球之信用緊縮與金融危機，主要已開發國家及新興市場國家持續以寬鬆貨幣政策因應。在多方努力下，全球經濟逐步回穩；由於全球經濟回穩帶動需求增加，此一期間中後期，全球通貨膨脹顯現上升跡象。中國開始進行經濟結構性調整與金融市場改革，可能為全球景氣與金融市場增添不確定性。

　　由過去 5 年主要市場報酬表現中，我們可以發現幾個現象：

(1) 以全球股票指數與全球高收益債券指數做比較，全球高收益債券的表現比全球股票指數表現來得穩定，且多數時間報酬率較高。打破一般投資人認為股票投資報酬率一定高於債券報酬率的印象。不過，如果清楚債券的特性，就清楚知道在這段期間，高收益債券殖利率高達 8% 以上，甚至有些時期，殖利率高達 2 位數，也隱含有獲得很大的資本利得空間，同時殖利率也高於當時全球股市 20 年平均報酬率的 4.64%。在殖利率遠高於違約率、股票報酬率以及股利率的情況下，是極佳的高收益債券進場時點。例如：過去曾有研究統計，當美元高收益債券指數的利差水準在 600bps 以上，投資人在一年內投資報酬率為正的機率幾乎達 100%。

(2) 整體而言，由於主要國家基本面良好，主要國家都維持寬鬆的貨幣政策環境，全球股票市場和債券市場的表現都很不錯。在

第三年時，全球通膨上揚，但是全球景氣是下滑的，股票市場表現弱於債券表現，債券市場中，投資等級債券指數的表現又優於高收益債券指數，再次證明景氣的表現，直接影響股票市場與高收益債券的表現。

投資組合報酬率

投資組合	前一期間		本期間	
	USD	TWD	USD	TWD
100% 已開發國家股票	0.01%	-3.32%	107.15%	88.19%
100% 新興市場股票	47.03%	42.14%	102.44%	83.91%
70% 已開發／30% 新興市場	14.12%	10.32%	105.73%	86.91%
30% 已開發／70% 新興市場	32.93%	28.50%	103.85%	85.20%
100% 全球投資等級債	9.51%	5.74%	45.57%	32.52%
100% 全球高收益債	-4.97%	-8.24%	142.69%	120.93%
100% 全球新興主權債	25.75%	21.43%	56.21%	42.20%
1／3 投資級：1／3 高收益：1／3 新興債	10.09%	6.31%	81.49%	65.21%
股票 70%：債券 30%	19.49%	15.48%	97.80%	79.80%
股票 30%：債券 70%	14.12%	57.75%	88.48%	71.47%

資料來源：作者整理

過去 5 年，在主要國家強力貨幣寬鬆貨幣政策下，所有資產類別皆上漲。綜觀整體股債表現，可以發現高收益債券的漲幅遠遠高於股票，這與一般認為在市場風險偏好高時，股票報酬率高於債券報酬率的想法並不一致。這個現象提醒我們，在做債券投資時，也需要有評價的觀念。如果大家能夠理解債券的本質是在不違約的情況下，獲取利息收入，那

麼在債券價格跌幅明顯大於可能的違約率時，便可伺機介入加碼，以獲取額外的資本利得。

此外，在這個期間新台幣兌美元明顯升值，反映在報酬率上便是新台幣計價報酬率遠低於美元計價的報酬率；再次提醒大家在做海外投資時，不論股票或債券，都必須留意匯率風險。

第四次投資決定

🐾 經濟背景：

全球經濟尚未完全由美國次貸風暴中完全恢復，而歐洲邊陲國家的債務危機迫使多數歐洲國家採取緊縮的財政政策以改善赤字問題，以及中國正由投資導向成長轉型為消費導向型成長，進行經濟的結構性調整，也為全球經濟帶來一定程度的壓力。此外，由於美國就業市場持續好轉，經濟情勢逐漸回穩，通膨已有明顯上揚的跡象，聯準會主席暗示將減碼貨幣量化寬鬆政策，導致許多新興國家金融緊縮。同時，由於新興國家連續幾年的快速成長，導致許多國家出現供給面瓶頸，除了產出擴張減緩外，通膨壓力亦顯著上揚，從而迫使其央行採取升息等較緊縮貨幣政策以抑制需求。

整體而言，已開發國家財政赤字減幅縮小，對經濟成長的拖累減少，政策與政經不確定因素降低，而同時間，由於中國結構性調整與美國的量化寬鬆退場對新興國家的衝擊將大於已開發國家，預估未來幾年，新興國家對全球經濟的影響力道將不若過去 10 年明顯，已開發國家，尤其是美國，將重新主導全球經濟的話語權。

🐾 未來全球趨勢及可能發生事件：

(1) 中國對外開放將持續進行，並致力於高科技之發展與國際關係開拓，展現超英趕美的企圖心。

(2) 國際貨幣基金批准人民幣加入特別提款權（SDR）貨幣籃子，人民幣將成為可自由使用的貨幣。

(3) 民粹主義由新興國家蔓延至已開發國家漸成趨勢，恐怖組織活動仍然猖獗。

(4) 二戰以來規模最大的難民危機對歐洲形成嚴重衝擊，相關國家就難民安置問題爭執不下；難民潮將持續衝擊歐洲的政治生態和社會穩定，以及「歐洲和歐盟精神」。

(5) 科技發展進入新里程碑，AI 應用更加廣泛、虛擬貨幣盛行。科技進步帶來便利，但資訊道德風險日益升高。

(6) 低成長／低通膨／低利率時代來臨，利率沒有最低，只有更低。

(7) 美國的貨幣政策將由寬鬆轉為緊縮。

(8) 全球多數主要國家（包括已開發及新興國家）之刺激經濟之政策，由貨幣政策主導，改由財政政策主導。不過全球資金狀況仍相對寬鬆。

(9) 主要新興國家內部政經問題將逐步浮出檯面，地緣政治危及投資人信心。

(10) 新興亞洲成為新興國家中最為穩定的經濟區域。

各主要經濟指標與市場指數近兩年表現如下：

年	全球實質經濟成長率（GDP,%）	全球通貨膨脹率（CPI,%）	歐洲（歐元區）實質經濟成長率（GDP,%）	日本實質經濟成長率（GDP,%）	美國實質經濟成長率（GDP,%）	美國通貨膨脹率（CPI,%）	美元指數（DXY）	美國聯準會全年利率變動
前一年	3.32	4.2	-1.1	0.3	2.2	1.7	79.769	不變
現在	3.33	4.3	0.7	2.7	1.8	1.5	80.035	不變

資料來源：作者整理

年	MSCI 已開發國家股票指數	MSCI 新興國家股票指數	全球投資等級債券指數	全球高收益債券指數	全球新興市場債券指數
前一年	16.54%	18.63%	10.79%	18.77%	16.08%
現在	27.36%	-2.27%	0.05%	7.06%	-3.38%

資料來源：作者整理；以上市場報酬率皆為含息之總報酬率

我的投資選擇為：（請勾選下列一項資產配置決定）

配置選擇	投資決定
100% 已開發國家股票	
100% 新興市場股票	
70% 已開發／30% 新興市場	
30% 已開發／70% 新興市場	
100% 全球投資等級債	
100% 全球高收益債	
100% 全球新興主權債	
1／3 投資級：1／3 高收益：1／3 新興債	
股票 70%：債券 30%	
股票 30%：債券 70%	

「我的想法與判斷」：

_____

_____

第四個 5 年投資結果與說明

數據變化：

年	全球實質經濟成長率（GDP,%）	全球通貨膨脹率（CPI,%）	歐洲（歐元區）實質經濟成長率（GDP,%）	日本實質經濟成長率（GDP,%）	美國實質經濟成長率（GDP,%）	美國通貨膨脹率（CPI,%）	美元指數（DXY）	美國聯準會全年利率變動
1	3.46	3.7	1.6	-0.5	2.5	0.8	90.269	不變
2	3.21	3.5	2	0.9	2.9	0.7	98.631	升息 1 碼（0.25%）
3	3.07	3.4	2.1	1.2	1.6	2.1	102.21	升息 1 碼（0.25%）
4	3.5	3.8	3	2.4	2.4	2.1	92.124	升息 2 碼（0.50%）
5	3.5	5.1	1.2	0.3	2.9	1.9	96.173	升息 4 碼（1.00%）

資料來源：作者整理

主要市場報酬表現：

年	MSCI 已開發國家股票指數	MSCI 新興國家股票指數	全球投資等級債券指數	全球高收益債券指數	全球新興市場債券指數
1	5.50%	-1.82%	7.80%	2.52%	7.53%
2	-0.32%	-14.60%	-0.23%	-2.07%	1.01%
3	8.15%	11.60%	5.69%	15.89%	7.40%
4	23.07%	37.75%	5.21%	7.64%	8.55%
5	-8.20%	-14.24%	-1.69%	-2.41%	-3.32%

資料來源：作者整理

	全球已開發 國家指數	全球新興市場 股票指數	全球投資等級 債券指數	全球高收益 債券指數	全球新興主權 債券指數
期間累積 報酬率	31.91%	13.49%	20.96%	25.74%	25.95%

資料來源：作者整理；以上市場報酬率皆為美元計價含息之總報酬率

　　全球經濟在這段期間溫和成長，在需求逐步回穩的情況下，整體通貨膨脹率也慢慢增加。而在產出缺口轉正，顯示未來通膨有可能加溫的情況下，美國聯準會開始升息以控制通貨膨脹。然而同時期，歐洲與日本的經濟雖也逐步回穩，但由於這兩個區域的通膨與經濟成長力道尚不足以支持升息，在與美國貨幣政策背離的情況下，美國與歐日的利差逐步擴大，加上美國政策同步實施減稅政策，亦即以寬鬆的財政政策接替過往寬鬆的貨幣政策，以利美國經濟成長，美元在此一階段呈現明顯升值。

　　以過往經驗，當美元強勢時，新興市場，尤其是新興股市的表現會相對較弱，此一時期也符合這樣的經驗法則。新興市場債券指數（此處為美元計價之指數）因為有利息收益支撐，這段時間的總報酬表現，也約當為利息收入的總和，符合債券投資的基本法則。高收益債券指數的表現，也約當利息收入扣除違約率，證實高收益債券的預期報酬率，必須考量預期的違約率。

投資組合報酬率

投資組合	前一期間 USD	前一期間 TWD	本期間 USD	本期間 TWD
100% 已開發國家股票	107.15%	88.19%	28.50%	31.91%
100% 新興市場股票	102.44%	83.91%	10.56%	13.49%
70% 已開發／30% 新興市場	105.73%	86.91%	23.11%	26.38%
30% 已開發／70% 新興市場	103.85%	85.20%	15.94%	20.59%
100% 全球投資等級債	45.57%	32.52%	17.57%	20.96%
100% 全球高收益債	142.69%	120.93%	22.22%	25.74%
100% 全球新興主權債	56.21%	42.20%	22.42%	25.95%
1／3 投資級：1／3 高收益：1／3 新興債	81.49%	65.21%	20.74%	24.22%
股票 70%：債券 30%	97.80%	79.80%	19.89%	23.15%
股票 30%：債券 70%	88.48%	71.47%	20.37%	23.76%

資料來源：作者整理

　　過去 5 年，在全球經濟溫和成長，以及美國等主要國家寬鬆財政或貨幣政策加持下，所有資產類別皆上漲。綜觀整體股債表現，已開發國家的股票表現優於新興國家股票表現。過往多數人認為在市場多頭時，新興股市表現會優於已開發國家，但在這段時期這個印象被打破。主要為這個時期，中國持續面臨經濟結構性調整階段，經濟成長力道已經不如過往強勁，而多數主要新興市場經濟體十分依賴中國經濟成長帶動。同一時間，地緣政策因素，也引發一連串已開發國家對新興國家的經濟制裁，多少也影響到新興經濟體表現。

　　此外，由於需求的轉變，過往許多依靠原物料需求上揚帶動出口，進而推升經濟成長的方式，在此期間明顯失效，也令新興國家經濟成長表現力道差強人意。看到這裡，相信各位心中應該有一個清楚的概念，

金融市場的表現離不開經濟基本面，投資的經驗法則固然可以做為投資參考依據，但必須建立在清楚的經濟概念上。因此，強力建議各位能夠撥空研讀總體經濟，相信對於各位未來投資會有顯著的幫助。

這段期間，雖然美國開始升息，但是我們也看到，全球投資等級債券的表現仍然相當不錯，因此，各位讀者千萬不要有「升息 ➡ 利率會反彈 ➡ 債券價格下跌 ➡ 馬上出清債券」的反射性動作。而是要進一步思考，未來的環境是不是有機會讓利差收斂；或是思考，是否會讓違約率上揚。前者可以確保在公債利率反彈過程中，因為利差收斂，整體的殖利率變動不致於太大；後者可以判斷是不是有額外的跌價損失。不過，老話一句，回歸債券的本質，只要不違約，長期持有債券的問題並不會太大。當然，若你投資的是債券基金，就需要了解並且分析你投資基金的內容，以及基金操盤團隊的操作能力與過往績效，這個部分可以參考市面上的書籍或在網路上搜尋相關資訊。

在這個期間新台幣兌美元明顯貶值，反映在報酬率上便是新台幣計價報酬率高於美元計價的報酬率。再次提醒大家在做海外投資時，不論股票或債券，都必須留意匯率風險。

計算你的投資決策成果

投資決策的遊戲來到最後，請問你的投資績效如何？請將你在 4 個時期的投資決定與報酬表現，填寫在下列表格中，並且利用我們在「投資的第一課」學到的報酬計算方式，計算出屬於自己的 20 年投資績效：

我的 20 年報酬表現彙整表（USD）

時期	我的配置選擇	單一期間報酬表現
第一個 5 年		
第二個 5 年		
第三個 5 年		
第四個 5 年		
	合計報酬表現	

以下整理出 20 年報酬彙整表，首先是以美元計算、20 年的累計報酬表現，最佳為 707.16％，最差為 49.98％。這個結果顯示，投資人若能抓住長期趨勢的轉折，靈活地在股票及債券市場中轉換，的確可以創造不錯的報酬表現。然而，如果真的不熟悉投資，把錢放在銀行做定存，可能還強過胡亂投資，因為若是你 20 年的決策都是最差的結果，你的總報酬為 49.98％，且比期間美元定存的報酬 51.05％還差。不過，話說回來，細看這 4 個時期，最佳報酬表現的市場都不同，又有誰能夠拍胸脯保證，自己未來每次投資的市場都是最佳的呢？

或許你看到這張表的最右邊一欄，認為 100％投資新興市場股票的報酬表現最佳；然而，在最後一個 5 年，100％投資新興市場股票的報酬表現卻是所有市場中最差的，可見完全依照過去歷史的報酬表現做投資配置，並不是一件聰明的事情，還是必須回歸到經濟的基本面，才會

比較妥當。因此，未來當你再度遇到有人依據過去歷史報酬的經驗對你推薦投資時，就需要再深入想想，而非照單全收。

此外，你也應該能夠深深感受到，有些債券市場的報酬表現，並不比股票市場差，考慮到債券靠時間累積利息的特性，試著將你投資的熱情投注到債券市場，對你而言，或許會有不錯的投資收穫。

20 年報酬表現彙整表（USD）

	第一個 5 年	第二個 5 年	第三個 5 年	第四個 5 年	20 年累計
100% 已開發國家股票	-1.94%	0.01%	107.15%	28.50%	161.05%
100% 新興市場股票	65.60%	47.03%	102.44%	10.56%	444.97%
70% 已開發／30% 新興市場	18.32%	14.12%	105.73%	23.11%	242.01%
30% 已開發／70% 新興市場	45.34%	32.93%	103.85%	15.94%	356.61%
100% 全球投資等級債	34.56%	9.51%	45.57%	17.57%	152.19%
100% 全球高收益債	26.34%	-4.97%	142.69%	22.22%	256.12%
100% 全球新興主權債	76.03%	25.75%	56.21%	22.42%	323.31%
1／3 投資級：1／3 高收益：1／3 新興債	40.12%	10.09%	81.49%	20.74%	238.04%
股票 70%：債券 30%	35.98%	19.49%	97.80%	19.89%	285.32%
股票 30%：債券 70%	41.50%	14.12%	88.48%	20.37%	266.38%

最佳報酬表現	707.16%
最差報酬表現	49.98%

資料來源：作者整理

〈安柏姐的叮嚀〉

我們是否能夠從 2023 年金融市場動盪中學習教訓，降低犯錯的機率？

「波動」在金融市場不是新鮮事，有波動才有賺錢的機會，重點是能夠掌握波動的方向，提高勝率，進而享受投資的好處。2023 年第一季金融市場的劇烈變化，有不少值得投資人記取的經驗。安柏姐整理了這段時期影響金融市場的重要事件，並且分析由事件中，我們可以習得什麼經驗，讓大家明白「真正了解自己買的是什麼」是多麼重要的一件事。同時，安柏姐也分享在 2022 年年底時做的部分年度市場展望，提供不同於市場多數投資機構對 2023 年投資市場看法的切入點，希望能讓大家體會總體經濟與貨幣政策變化對投資的影響，以及建立自己投資邏輯與分析依據的重要性。

2023 年第一季，金融市場發生什麼事？

經過 2022 年各主要國家央行的「暴力升息」力抗通膨後，投資人原本認為在美國聯準會（Fed）從 2022 年 12 月份開始，已連續兩次將升息幅度由 3 碼降為 2 碼後，美國的升息周期應該已接近尾聲。然而，接連超乎預期的勞動市場與消費者物價指數（CPI）數據，以及異常優異的零售銷售數據，顯示美國景氣動能比聯準會官員的預期強勁。

而聯準會官員接連的「鷹派表態」，也就是強力表達升息對抗通膨的態度，再度被投資人放大解讀，尤其是聯準會主席鮑威爾（Jerome Powell）在 2023 年 3 月 7 日出席聽證時重申，如果美國的經濟與通膨數據高於聯準會的預期，則聯準會可能加速升息。這一番表態使市場對

升息路徑的預期進一步調升。當時利率期貨市場反映 2023 年 3 月 22 日聯邦公開市場委員會（FOMC）升息兩碼的機率，從原本不到 2 成的水準竄升至 7 成，升息循環從 2023 年第一季延長至第二季，市場對終端利率定價水位上修兩碼至 5.50％~5.75％，接近美國前財政部長桑默斯認為的 6％合理水準。

同時市場投資人對於聯準會在 2023 年年底降息的預期也消失，金融市場反映這個預期的變化，全球股市一改在 2023 年開年以來亮麗演出，出現明顯修正，美國 2 年期與 10 年期公債殖利率於 2023 年 2 月初觸及波段低點後，展開反彈走勢，彈升幅度達到 50bps，2 年期殖利率在 2023 年 3 月初突破 5.00％大關，是 2006 年 6 月以來的新高，10 年期殖利率觸及 4.0％以上。

然而，金融市場任何時間都可能發生鬼故事。

全美第 16 大銀行 Silicon Valley Bank （SVB）為了補充因出售美國公債和不動產抵押貸款證券（MBS）而產生的損失，在 2023 年 3 月 8 日公告辦理現金增資，SVB 股價因而重挫逾 60％，市場開始高度關注該事件後續發展；然後在 24 小時內傳出 SVB 遭到美國聯邦存款保險公司（FDIC）接管，等同宣告 SVB 即將進入破產程序，引發市場的系統性風險疑慮。

幾乎在同一時間，瑞士信貸因為美國證管會（SEC）在 3 月 9 日對其年報提出質疑，被迫延後 2022 年年報發布時間。3 月 15 日瑞士信貸最大股東沙烏地國家銀行（Saudi National Bank）表示在法規規範下將不會再對瑞士信貸挹注資金。市場信心潰散，信評等級為 A3（Moody's, 2022 年 11 月 1 日）／ A-（S&P, 2022 年 11 月 1 日）的瑞士信貸，其一年期信用違約互換交易（CDS）利差飆升至 934 bps，形成 CDS 曲

線倒掛。大幅揚升的信用利差代表短期內信用風險增溫，而 CDS 曲線嚴重倒置，隱含防止銀行立即倒閉的成本高於防止進一步違約的成本。

全球金融風險性資產，尤其是銀行類股大幅下挫，可以看出市場投資人的擔憂：若事件未獲得控制，很可能發生金融市場的系統性風險。

在瑞士政府及金融監管機構（FINMA）的促成之下，瑞銀集團（UBS）以 30 億瑞郎收購瑞士信貸。另外，依 FINMA 要求，瑞士信貸發行總價值約 160 億瑞郎的 AT1（Additional Tier 1 Capital Bonds，額外一級資本債券）債券全數減記，也就是價值全數歸零，此一決策令市場震憾。因瑞士信貸在還保有部分股東權益的情況下，AT1 債券卻被全額減記，使債券持有人被迫承擔銀行破產的虧損，與過往債權優於股權的市場慣例相悖，令投資人對於 AT1 債券產生疑慮。

在 SVB 及瑞士信貸事件令金融市場動盪之際，投資人開始預期聯準會有可能在 3 月停止升息，甚至預期聯準會可能像 2008 年金融海嘯時一樣降息救市。同時，市場再度認為美國經濟將在 2023 年稍後步入衰退。在預期心理影響下，美債 10 年期殖利率由 4.0％左右，持續下滑至 3.30％左右的水準。

2023 年第一季美國 Fed Watch- 下次升息機率變化

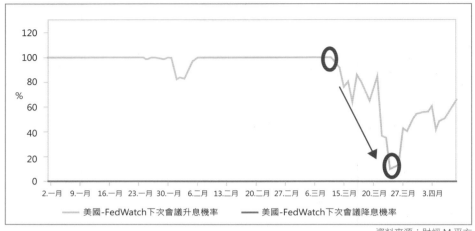

資料來源：財經 M 平方

2023 年第一季美國 10 年期公債殖利率變化

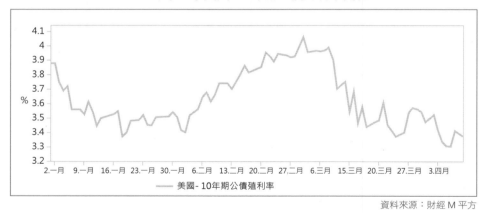

資料來源：財經 M 平方

　　上圖顯示在美國 SVB 及歐洲瑞士信貸事件爆發後，市場對於經濟前景看法趨於保守，也認為通膨將因經濟走緩甚至衰退而降溫，10 年期美債殖利率也因而自波段高點持續下滑。

全美排名 16 大的 SVB 的倒閉，應怪罪聯準會大幅升息？事實上，應歸咎於經營階層的管理失當

在正常的情況下，銀行會將新增的存款用來放款，即使中央銀行升息，浮動的放款利率也會隨著時間過去，重設而走高；若為固定利率放款，銀行多數也會有相對應的避險策略。理論上，升息循環下銀行可以享有利差擴大之好處，所以一般認為升息有利於銀行類股。然而，為什麼會出現「聯準會大幅升息造成 SVB 倒閉」的評論？

SVB 的主要存款戶是矽谷的新創企業，這使得 SVB 存款的積累過程及組成本身就是很不穩定的。在低利率時期，這些新創公司因為籌資熱潮，可以很容易地從初級市場取得資金備用，而這些備用資金便是 SVB 的存款基礎。

在 2020 年 6 月至 2021 年 12 月短短一年半之內，SVB 的存款從 760 億美元增加到 1,900 億美元。然而，SVB 的主要客戶群在這段時間剛好沒有資金需求，SVB 無法做有效的放款，便將這些資金配置在固定收益商品，例如債券及 MBS 上。由於 SVB 的存款，主要是在 COVID-19 疫情後的超低利率時代所吸收，這意味著 SVB 在進行資金配置時，買進的固定收益資產很可能大多數是收益率低的。

若是 SVB 能夠持有這些收益率較低的資產至到期日，應該也不會有太大的問題。然而，2021 年後因為烏俄戰爭、供應鏈斷鏈等事件風險頻傳，加上各國通膨壓力來到數十年來的高峰，主要國家央行開始進行的緊縮貨幣政策，令市場對於全球經濟前景產生疑慮，投資心態轉趨保守。較高的利率環境，也讓新創企業愈來愈難以從市場籌資，而新創企業的生命周期多數仍在資金消耗階段，因此轉而提取銀行存款支應。SVB 為了支付客戶提款，便需要處分因升息已產生跌價損失的固定收

益資產，被迫實現虧損。SVB 資本因而出現快速消耗，進而陷入破產危機。

　　SVB 凸顯負殖利率曲線＊對於銀行維持流動性的影響。當 SVB 面對存款外流時，另一個選擇是從直接於貨幣市場中借錢（eg. Repo）。然而，在殖利率曲線處於負斜率的情況下，用高的短期利率借入資金因應流動性壓力，只會使得問題更加嚴重，較佳的做法就是大幅增資，因此我們可以理解 SVB 為什麼在 3 月 8 日公告要辦理增資。因為即使股價大跌，增資股票的買方一定會將 SVB 持有到到期的資產，依市值計算來評估真實股價，股價重挫下，既有股權仍有剩餘價值，遠優於被政府接管清零的狀況。然而，就政府恢復金融市場信心與穩定度的角度考量，接管則是較佳的做法。 SVB 事件帶給投資人的啟示，便是不要一廂情願認為在中央銀行升息循環下，銀行類股一定會受惠，也不要認為投資大公司一定穩當。請記得投資的基本原則之一，便是要了解投資的標的，以降低因為錯誤預期導致的投資損失。

AT1 減記事件，提醒投資人投資前應檢視發債條件並確認清償順序

　　2023 年 3 月，正當美國主管機關當局忙於處理 SVB 事件時，近兩年來負面消息頗多的瑞士信貸〔Credit Suisse,CS〕，也爆發財務危機。

　　在瑞士政府及金融監管機構的促成之下，2023 年 3 月 19 日瑞銀集團（UBS）宣布以 30 億瑞郎收購瑞士信貸，換股比率為 CS：UBS ＝ 22.48：1（即：瑞信股票持有人將以 22.48 股換取 UBS 一股股份）。金融監管機構同時要求瑞士信貸將發行總價值約 160 億瑞郎的 AT1

＊ 關於殖利率曲線的說明，請見本書附錄。

（Additional Tier 1 Capital Bonds，額外一級資本債券）將全數減記，合併案預計將於 2023 年底完成。

　　瑞士央行處理瑞士信貸的問題時，在瑞士信貸普通股股東仍可獲得 30 億瑞朗的 UBS 股票情況下，將瑞士信貸的 AT1 債券減記為零，有違市場對「普通股應優先減記、AT1 債券次之」的減損順位認知，可能會影響未來投資人對 AT1 債券的投資需求，及銀行未來發行 AT1 債券的成本。

什麼是 AT1 債券？

　　自 2008 年的金融海嘯後，為了防止金融部門的危機再次蔓延，銀行因應 2010 年出版的《巴塞爾協定 III》（Basel III）提高對銀行的資本要求，發行額外一級資本債券來建立吸收損失的緩衝區。因此，當銀行狀況出問題時，AT1 及股票的投資人會率先受到衝擊。AT1 屬於 Coco 債券 （Contingent Convertible Bonds，應急可轉債，包含 AT1 及 Tier 2-T2），顧名思義這類債券是銀行發生緊急狀況時，即（1）當銀行資本充足率低於最低要求水平時，或者（2）當主管機關權衡決定發行機構已達到無法繼續經營情況時，CoCo 債券將被強制性地轉換成普通股，債券持有人轉為銀行股東並分攤銀行虧損。另一方面，部分 CoCo 債券也允許銀行透過減損全部或部分債券本金，來降低負債比率、提高資本充足率。

CoCo 債機制說明

應急可轉債（CoCo Bond）	損失吸收機制	轉換基準
AT1：永續債券， 　　　通常設有贖回條款 T2：發行年限為 5 年以上， 　　　通常會設定贖回條款	觸發條件有 2： 1. 當 CET1 比率或股票市場占總資產比率低於某一水平時。 2. 主管機關認定發行銀行經營困難。	1. 轉換為普通股 2. 本金部分或全部減損

資料來源：中央銀行,2018.09；作者整理

金融機構清償順位

存款（Deposit）	清償順序
優先有擔保債券（Senior Secured Bonds）	高
優先無擔保債券（Senior Unsecured Bonds）	↓
第二類資本（T2） ・非 CoCo 之次順位債券（Non-CoCo Subordinated debt） ・觸發條件門檻較高之 CoCo 債（T2 CoCo Bond）	
額外第一類資本（AT1） ・觸發條件門檻較低之 CoCo 債（AT1 CoCo Bond） ・特別股（Preferred stock）	
普通股權一級資本（CET1） ・普通股（common stock） ・保留盈餘（Retained Earning）	低

資料來源：作者整理

為什麼瑞士信貸 160 億瑞士法郎的 AT1 債券秒變壁紙？

　　一般而言，債券持有人的清償順序應高於股東。理論上，當銀行倒閉清算、股東權益全數減損後，才有可能動到 AT1。然而，瑞士信貸在 AT1 契約條款中載明，當監管機構認為銀行無法持續經營且資本不足時，AT1 可以直接減記為零（請見下圖灰底色條文）。因此，才會出現瑞士信貸在還保有部分股東權益的情況下，AT1 反而先被全額減記的情況。

　　過往投資人將 AT1 債券視為安全性比股票高、具有固定票息的資產。在金融海嘯後，金融監管機構的強監管措施，也讓投資人認為銀行應該比過去更安全。在承平時期，沒有人會認為銀行發行的債券會出問

瑞士信貸 AT1 債券契約中關於資本減記的原文內容

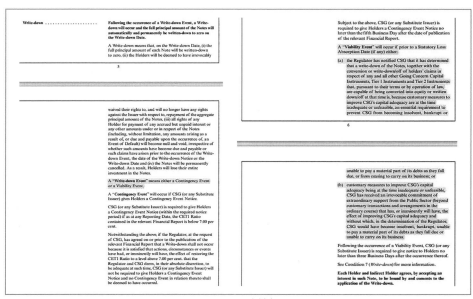

資料來源：CS HOLDING-BEAR Prospectus 20220627

題，因此部分追求收益的投資人，考量到收益率就可能會選擇這種商品，特別是在殖利率超低時期。然而，這次瑞士央行將瑞信 AT1 債券減記至零的做法，讓投資人意識到 AT1 債券有其潛在風險，未來銀行業透過 AT1 債券來補充資本適足率的難度將可能提高。

此次事件也提醒所有債券投資人，不要忘了風險與報酬的關係，如同安柏姐在本書 Part 1 中提醒大家的。若是投資單一債券，要避免只依據信評機構發布的信評等級和債券的收益率就決定投資。更重要的是，在投資前必須研究投資標的，包含發行公司的財務狀況、發行條件和合約內容，以降低因為認知誤差而產生投資損失的可能性。基於分散風險與流動性考量，安柏姐會建議一般債券投資人投資 ETF 或是共同基金，會是較佳的選擇。

不要小看央行對抗通膨的決心

在 SVB 與瑞士信貸相繼爆發危機的同時，市場對聯準會的貨幣政策有了暫停升息或進一步降息的期待。然而，2023 年 3 月聯準會的 FOMC 會議，仍決議升息一碼，同時聯準會也表明將密切關注金融市場後續發展，並適時調整政策方針。這樣的決議透露聯準會認為 SVB 屬於個別金融機構管理失當（如客戶過於集中、資金運用過於集中、資產負債期限錯配等），應不至於導致金融危機。在就業市場依然吃緊及 CPI 超乎預期的事實下，聯準會以對抗通膨做為主要目標的態度是合理的。同時，聯準會此次決議也避免了市場對於「聯準會賣權」（Fed Put）** 錯誤的預期。

** 「聯準會賣權」是指市場一種普遍的預期心理，隱喻央行將在股市暴跌時採取行動以支撐資產價格。

聯準會於 2023 年 3 月面臨的問題，跟 2022 年 9 月英國央行處理迷你財政預算危機的情況很類似。當時英國央行的做法就是透過提供無限量流動性的暫時性資金窗口，給予退休金緩衝的空間與時間來處理資產負債表的失衡，但另一方面英國央行仍然持續升息以對抗通膨。

　　2023 年 3 月，在金融市場風險升高情況下，市場對聯準會貨幣政策的預期心理，在短短一個月內，經歷了「進入升息末階段 ➡ 延長升息時間與加大升息幅度 ➡ 暫停升息／可能降息救市 ➡ 進入升息末階段」數個變化，進而也影響了金融市場資產的穩定度。

　　如果，投資人在投資前沒有做好研究分析，也沒有自己的投資邏輯與架構，在上述的情況氛圍下，一定十分忐忑不安，甚至可能殺進殺出。安柏姐在書中藉咪咪的話，不斷提醒讀者建構自己的投資邏輯，要有自己的投資想法，就是希望大家能在市場大幅波動時，能夠降低無助感。

　　每年第四季跟法人客戶與 VIP 客戶分享來年的市場展望，是安柏姐的工作之一。安柏姐在 2022 年 11 月做 2023 年全年市場展望時，當時市場對於來年的經濟看法與通膨前景極度悲觀，也開始預期 2023 年聯準會將會降息。關於美國的經濟前景與對於聯準會的貨幣政策預期，安柏姐和當時市場多數預期不同，安柏姐在此分享當時的分析與想法，提供大家做貨幣政策推演時的一個切入的思考點：

　　「……聯準會的主要職責，還是維護金融市場穩定、抗通膨、與穩經濟。在金融市場相對穩定，經濟仍 OK 的情況下，他們的主力絕對是打通膨。不過，聯準會的鷹派升息何時會緩和？若以聯準會觀察的核心個人消費支出物價指數（PCE）分析，來自供給端的壓力已見緩和；近期大家討論比較多的黏著性通膨，也就是租金與薪資壓力，也開始出現趨緩的跡象，因此在 2023 年上半年基期更高的情況下，我們應該可以

看到通膨出現較為顯著的下滑。

鮑威爾曾經說過：「聯準會升息至少要升到實質利率轉為正」，我們內部依過去 10 年平均、5 年平均，以及一年平均的核心個人消費支出物價指數變動幅度，去估算未來路徑。在 2023 年第一季前，核心個人消費支出物價指數年增率至少可以降至 5％，搭配聯準會 2022 年 12 月及 2023 年 1 月底 2 月初，這兩次會議預估各升 2 碼，在 2023 年第一季實質利率便有機會轉正。屆時，聯準會有很大的機率將升息幅度降為一碼，甚至是暫停升息。雖然目前市場有人預估 2023 年美國可能降息，但是我們認為 2023 年轉為降息的可能性並不大。主要是因為我們預估美國明年經濟情勢，可能比多數機構預測來得強勁。

2022 年大家關注的焦點是通膨，2023 年關心的會是經濟是否衰退。不可否認，2023 年全球經濟成長必然趨緩，當然包含美國。為什麼許多市場人士認為 2023 年美國可能步入衰退？如果依美債長短期利差來看，美國衰退的可能性是存在的；而依據耐久財訂單及固定投資做為評估依據的鄧肯指標，也顯示經濟有衰退的可能。然而這兩個數據指的是大概率會衰退，也不是必然的。我們需要思考的是：衰退真的會發生嗎？若真的會發生，為什麼是 2023 年？而不是 2024 年？

在觀察分析經濟數據後，我們認為美國經濟在 2023 年軟著陸的機率是很高的。為什麼我們認為 2023 年美國經濟狀況可能比多數機構預期來得好？主要是美國消費動能著實強勁。大多數人認為美國消費者信心來到幾十年的新低，可能會影響到消費支出。然而，實際的美國零售銷售數字雖自高峰下滑，但仍高於過往高峰期的水準。

同時，在扣除通貨膨脹後的零售銷售，不論是月增率或年增率，仍然維持正數，顯示美國的消費動能韌性極強。當然有些分析指出，美國

人的儲蓄率已下滑，未來消費動能可能不理想。但儲蓄率是「儲蓄 ÷ 可支配所得」，在通膨上揚的情況下，要維持相同的生活品質，每月可存款的錢必然減少。從另一個角度思考：為什麼在通膨高漲的情況下，美國人的消費並沒有明顯縮手？我們分析，主要可能是因為美國家計單位的現金存款非常高，目前有 4.7 兆美元，約是美國實質 GDP 的 23％，這數字維持在歷史高水位。也因為高現金在手中，加上家庭總負債比率仍在相對低點，讓美國人敢消費。

鮑威爾曾表示要看到通膨大幅下滑且失業率上揚，緊縮的貨幣政策才可能收手。然而，我們大膽預估，2023 年美國在通膨下滑時，有極大的機率，我們仍看不到失業率明顯的上揚。因為多數人手中還有錢，並不急著出來找工作，這可以從勞動參與率為 62.2％，遠低於疫情爆發前的 63.4％得到佐證。同時，在消費動能仍在的情況下，商品消費將回復到長期上升軌升道。整體看來，美國經濟軟著陸的機率是大的。

此外，目前通膨雖已下滑，然就業市場仍相對活絡下，目前勞參率逐步改善，可望啟動薪資年增率下滑趨勢，但除非勞參率大幅上揚回復至疫情前水準，否則薪資年增率下滑速度將受到限制。在軟著陸機率上升，通膨下滑但仍高於聯準會目標下，我們認為美國 2023 年降息機率不大。」

以上是 2022 年 11 月時，安柏姐觀察總體經濟數據後所做的推論。2023 年美國經濟是否衰退，聯準會是否會降息，仍待時間驗證。然而，經濟預期與後市判斷，要求的是方向性與勝率。若已認為聯準會將升息至實質利率轉正，也認為經濟將呈軟著陸，再搭配「聯準會最後一次升息前，美債殖利率都不會太穩定，再度走升的機率大」的歷史經驗，在投資上便不太容易因為 2023 年 2 月多位官員的鷹派言論，而對債券部

位恐懼到想出脫，或是在 3 月市場一度認為聯準會會降息救市時，一味追低債券殖利率。同樣的，也不會對風險性資產過度悲觀，而完全錯失參與第一季的股市上漲的機會。

市場隨時在變動，投資是一個動態的過程，因此也需要定期檢視市場與經濟數據，判斷自己的投資理由是否有改變，適時做看法與投資部位的調整。

安柏姐再次提醒大家：投資比的是氣長，心中要有一套操作邏輯，對市場要有定見，並且時時觀察數據，檢視是否需要修正看法，若能養成這樣的投資分析習慣及紀律，或許可能因為市場波動而在短時間內跑輸大盤，然中長期仍可以享有不錯的投資果實。

由 2023 年第一季金融市場的事件，投資人應該能學習到的經驗：

(1)債券的清償順位可能不會優先於股票，投資債券前一定要看發行條件。

(2)信用評級高的公司債不必然不會出事，投資前做好研究是必要的基本要求。否則，就投資 ETF 或共同基金。

(3)中央銀行升息時，銀行類股不必然受惠，還是要做好個股研究。不要只追求簡單的投資公式或方法，沒有所謂的懶人投資術。

(4)對於市場的事件風險對投資部位的影響，要有定見，想法要合乎邏輯，不要一廂情願。

(5)債券殖利率曲線的變化，隱含不少有用資訊，不論是否要投資債券，都要有一定程度的了解。

【咪咪老師的隨堂考】

1、請問在第一次投資決定中，你的資產配置決定是什麼？ 請簡單寫出你的論點？請問 5 年後的報酬表現是多少？你滿意嗎？為什麼？

2、請問在第二次投資決定中，你的資產配置決定是什麼？ 請問你的理由為何？請問 5 年後的報酬表現是多少？你滿意嗎？為什麼？

3、請問在第三次投資決定中，你的資產配置決定是什麼？ 請問你的理由為何？請問 5 年後的報酬表現是多少？你滿意嗎？為什麼？

4、請問在第四次投資決定中，你的資產配置決定是什麼？ 請問你的理由為何？請問 5 年後的報酬表現是多少？你滿意嗎？為什麼？

5、美國的經濟成長有機會連續第 5 季高於 3%，最新公布的美國企業營收，大多數都有明顯的成長。由於消費數據良好，企業徵才意願大幅上升，就業市場有趨向緊縮的跡象；美國的物價近期有上升的跡象，雖然通膨還算溫和，但是市場認為美國聯準會啟動升息循環的機率大增。整體來說，全球金融市場資金很充足，國際貨幣基金組織認為今年的經濟成長率將高於去年，並預估明年全球經濟在中國及印度等新興國家需求帶動下，有機會高於今年。

小華的投資組合中有美元高收益債券基金、美元投資等級債券基金和只投資美元計價的新興市場債券基金。請問以下敘述，何者是正確的？

(A) 因為殖利率與價格呈反向關係，既然美國聯準會要升息了，小華應該把投資組合中的債券基金全部都贖回才對。

(B) 在此一情境下，小華手中的高收益債券基金的報酬表現，會比投資等級債券來得好。

(C) 一般而言，新興國家債券的報酬表現不穩定，因此小華應該贖回手中的新興市場債券基金。

（解答請見附錄）

〈附錄〉債券指數相關資料更新

債券市場單年度報酬表現一覽表

單年度 報酬率	美國 政府 債券	歐洲 政府 債券	全球 政府 債券	全球 新興國家 政府債券	全球 高收益 債券	美國 （元） 高收益 公司債	歐洲 （元） 高收益 公司債	新興市場 高收益 債券	全球 投資等級 公司債	美國 （元） 投資等級 公司債	歐洲 （元） 投資等級 公司債	新興 企業 債券
1999	-2.38%	-2.50%	-0.50%	14.97%	2.85%	2.51%	14.50%	15.47%	0.07%	-1.89%	-1.90%	14.70%
2000	13.37%	7.21%	8.27%	12.50%	-5.40%	-5.12%	-15.87%	7.09%	7.22%	9.13%	5.90%	9.69%
2001	6.74%	5.87%	5.24%	2.55%	3.47%	4.48%	-13.97%	0.87%	8.28%	10.70%	6.85%	6.10%
2002	11.57%	9.77%	8.28%	11.70%	-2.11%	-1.89%	-4.97%	1.74%	8.64%	10.17%	8.45%	8.72%
2003	2.26%	4.02%	1.64%	18.82%	28.20%	28.15%	28.59%	26.01%	6.60%	8.31%	6.47%	14.52%
2004	3.50%	7.68%	3.99%	9.33%	11.42%	10.87%	14.56%	12.46%	5.75%	5.41%	7.58%	9.14%
2005	2.81%	5.39%	3.20%	8.48%	3.15%	2.74%	5.96%	9.34%	3.19%	1.97%	4.04%	5.93%
2006	3.14%	-0.46%	1.09%	7.17%	11.68%	11.77%	11.10%	9.38%	2.64%	4.38%	0.59%	6.14%
2007	9.06%	1.88%	4.53%	5.36%	1.56%	2.19%	-2.26%	3.47%	2.62%	4.64%	0.22%	3.31%
2008	13.98%	9.13%	9.23%	-6.10%	-27.10%	-26.39%	-34.22%	-30.59%	-4.73%	-6.82%	-3.28%	-18.05%
2009	-3.72%	4.38%	-0.32%	20.55%	60.62%	57.51%	74.88%	65.25%	16.27%	19.76%	14.90%	39.11%
2010	5.88%	1.05%	4.76%	9.48%	15.21%	15.19%	14.26%	17.92%	7.41%	9.52%	4.82%	12.43%
2011	9.79%	3.34%	7.07%	5.54%	3.14%	4.38%	-2.48%	0.13%	5.16%	7.51%	1.99%	4.10%
2012	2.16%	11.15%	2.87%	16.08%	18.77%	15.58%	27.21%	23.59%	10.79%	10.37%	13.03%	15.66%
2013	-3.35%	2.27%	-1.35%	-3.38%	7.06%	7.42%	10.06%	0.62%	0.05%	-1.46%	2.39%	-0.92%
2014	6.02%	13.16%	7.25%	7.53%	2.52%	2.50%	5.48%	-2.02%	7.80%	7.51%	8.25%	3.59%
2015	0.83%	1.64%	0.97%	1.01%	-2.07%	-4.64%	0.76%	2.91%	-0.23%	-0.63%	-0.43%	1.11%
2016	1.14%	3.32%	3.00%	7.40%	15.89%	17.49%	9.07%	18.39%	5.69%	5.96%	4.75%	9.56%
2017	2.43%	0.13%	1.22%	8.55%	7.64%	7.48%	6.74%	8.85%	5.21%	6.48%	2.42%	6.87%
2018	0.80%	1.00%	1.10%	-3.32%	-2.41%	-2.26%	-3.63%	-1.96%	-1.69%	-2.25%	-1.14%	-1.31%
2019	6.99%	6.82%	4.85%	12.76%	13.95%	14.41%	11.29%	14.62%	11.55%	14.23%	6.25%	12.38%
2020	8.22%	4.94%	4.66%	5.25%	6.28%	6.17%	2.76%	9.42%	7.71%	9.81%	2.65%	7.06%
2021	-2.38%	-3.41%	-2.12%	-2.10%	2.86%	5.36%	3.35%	-5.02%	-0.99%	-0.95%	-1.02%	-1.38%
2022	-12.85%	-18.22%	-12.44%	-17.56%	-11.84%	-11.22%	-11.47%	-14.78%	-14.63%	-15.44%	-13.94%	-14.40%

註：深灰底為當年度最高報酬市場，黃底表示為負報酬市場　　　　　　　　資料來源：作者整理

主要政府債券指數資訊

指數標的	全球政府債券	美國政府債券	歐洲政府債券	全球新興市場債券
債券數	839	281	480	843
到期殖利率	2.75%	3.84%	3.02%	6.94%
利差水準	3	0	58	346
存續期間（年）	7.52	6.58	7.35	7.28
綜合平均信評水準	AA1	AAA	AA3	BBB3
計價幣別	美元	美元	歐元	美元

資料來源：作者整理；2023.03.31

主要投資等級債券指數資訊

指數標的	全球投資等級公司債	美國（元）投資等級公司債	歐洲（元）投資等級公司債	新興企業債券
債券數	17,995	9,831	4,114	2,389
到期殖利率	4.96%	5.26%	4.19%	6.86%
利差水準（bps）	152	144	167	307
存續期間（年）	6.31	7.08	4.7	4.97
綜合平均信評水準	A3	A3	A3	BBB2
計價幣別	美元	美元	歐元	美元

資料來源：作者整理；2023.03.31

主要高收益債券指數資訊

指數標的	全球高收益債券	美國（元）高收益公司債	歐洲（元）高收益公司債	新興市場高收益債券
債券數	3,433	1,931	754	581
到期殖利率	8.66%	8.47%	7.49%	10.67%
利差水準（bps）	499	454	477	676
存續期間（年）	4.04	4.31	3.31	4.09
綜合平均信評水準	BB3	B1	BB3	BB3
計價幣別	美元	美元	歐元	美元

資料來源：作者整理；2023.03.31

高收益債券指數特性表

指數標的	全球 BB-B 有擔保高收益債券指數	全球 BB-B 高收益債券指數	全球高收益債券指數
債券數	738	3,018	3,433
占全球高收益債券指數比重	24.07%	91.21%	100%
到期殖利率	8.50%	7.82%	8.66%
利差水準	486	415	499
存續期間（年）	3.71	4.09	4.04
加權票息	5.68%	5.19%	5.43%
綜合平均信評水準	B1	BB3	BB3

資料來源：作者整理；2023.03.31

全球高收益債券指數與全球墮落天使債券指數特性表

	全球高收益債券指數	全球墮落天使債券指數
債券支數	3,433	209
占全球高收益債券指數比重	100%	5.51%
到期殖利率	8.66%	7.11%
利差	499	324
存續期間	4.04	5.67
加權票息	5.43%	5.26%
綜合評等	BB3	BB2

資料來源：作者整理；2023.03.31

關於殖利率曲線

　　債券殖利率曲線的變化，隱含了不少重要的訊息，若是能夠進一步了解，不論對於債券、股票、或是資產配置調整，都會是一項不錯的投資判斷工具，因此，安柏姐藉著修改增訂版的機會，將這部分加入書中。

　　什麼是殖利率曲線呢？咪咪老師在 Part 1 第七課提到，殖利率是當你買入一檔債券，並持有至到期日的年化報酬率，也就是投資債券的實際年化報酬率。殖利率曲線通常指在某一特定時點，將到期日不同但有相同信用等級的債券殖利率，畫成一條線，便是債券殖利率曲線。在國際市場上，通常比較常被廣泛討論和運用的是美國公債殖利率曲線。

2021 年 3 月 22 日的美國公債殖利率曲線

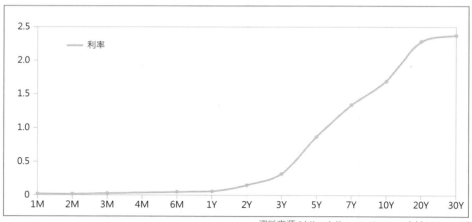

資料來源：https://www.ustreasuryyieldcurve.com/

不要小看這條殖利率曲線，若能好好了解殖利率曲線變動的原因，並且透過對總體經濟學的掌握與判斷殖利率曲線將可能產生的變化，將可以大大提高投資勝率。安柏姐接下來要說明的，將是以美債殖利率曲線為主的判斷與運用。

殖利率曲線的型態，通常隱含未來貨幣政策變化和經濟活動的概念。殖利率曲線因為不同原因，會構成不同的型態，主要類型有三種：(1) 長期殖率高於短期利率的正常型態（Normal yield curve- 正斜率的曲線）、(2) 長期殖率低於短期利率的倒掛型態（Inverted yield curve 負斜率的曲線）、(3) 長短期殖利率幾近相同的平坦殖利率曲線（Flat yield curve），有時候中期殖利率會高於短期與長期殖利率，而形成駝峰型（Humped yield curve）殖利率曲線，一般會將它歸類於平坦殖利率曲線。

探討構成各種不同形狀殖利率曲線的原因，一般稱為「利率期結構理論」，主要原因有以下幾個：

預期理論：

這個理論認為殖利率曲線的形狀，決定於投資人對未來通貨膨脹之預期。由於長期殖利率是對未來短期殖利率之預期，也就是未來各期短期殖利率之幾何平均值，可以想像為長期殖利率是許多短期殖利率構成，例如：二年期殖利率就是一年期殖利率加上一年後的一年期殖利率。如果投資人預期未來通貨膨脹率逐年遞增，則未來短期殖利率將逐年上升，長期殖利率會隨著到期期間拉長而增加，將形成最常見之正斜率的殖利率曲線。相反的，當預期通貨膨脹率將逐年遞減，則短期殖利率將逐年下降，長期殖利率亦將隨到期期間的增長而下跌，就會產生殖利率曲線為負斜率的倒掛殖利率曲線。

市場區隔理論：

這個理論建構在金融市場存在不同期限之資金需求，投資人為了避開利率風險，會選擇到期期限符合其投資期限需求的債券，也就是不同期限債券的殖利率，由市場供需來決定，長期或短期債券各有其所屬的市場，互不影響。例如：投資人對長期債券需求增加，則長期債券價格上漲、殖利率下跌。因為長期債券供需的變動並不影響短期債券，此情況下債券殖利率曲線為負斜率。

流動性貼水理論（期限偏好理論）：

流動性貼水理論假設不同期限債券之間可以互相替代，但因為投資人對於短期債券有特別的「期限偏好」，所以不同期限債券之間無法完全替代。在此理論下，由於長期債券相較於短期債券流動性差，且如果債券之期限較長，投資人將承擔較高的利率風險與信用風險，因此若長短期債券殖利率相同下，投資人會比較偏好購買短期債券；若長期債券的殖利率足以彌補風險，人們就願意購買長期債券。如果投資人預期未來短期利率大幅下降，雖然加上流動性貼水，長期利率低於短期利率，投資人仍然願意接受，則殖利率曲線呈下降型態。

由前面三個主要利率期間結構的理論簡單說明，應該可以理解，利率期間結構具有豐富的經濟意涵，特別是它隱含著未來實質經濟活動可能的變化。許多文獻指出，利率期間結構與未來實質經濟成長呈正相關，並具有領先效果。若想藉由殖利率曲線判斷經濟，並進行投資決策，就須先了解各類型殖利率曲線的意涵。殖利率曲線的類型如下：

正斜率殖利率曲線

　　一般正常情況，短期債券的殖利率會較低，殖利率跟隨期限較長的債券逐步上升，形成正斜率的殖利率曲線。正斜率的殖利率曲線意味著穩定的經濟狀況，殖利率曲線愈陡峭，意味著未來經濟增長強勁，也可能伴隨著更高的通貨膨脹。

　　若判斷未來一段時間殖利率曲線將為正斜率，而且認為斜率將變得更為陡峭，此時的債券投資部位操作，應該縮短存續期間，選擇天期較短的債券，以降低投資部位的利率風險。

　　此外，一般而言在經濟擴張時期，信用風險較低，存續期間較短的高收益債券會是不錯的投資選擇。

正斜率殖利率曲線

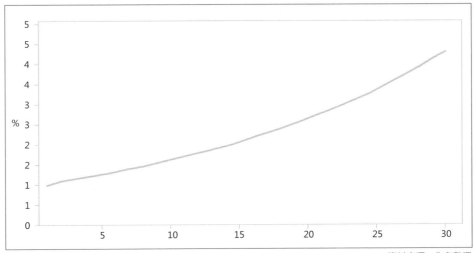

資料來源：作者整理

負斜率殖利率曲線──殖利率曲線倒掛

當短期債券的殖利率高於長期債券時,就會出現反向殖利率曲線,有時被稱為負殖利率曲線,或殖利率曲線倒掛。倒掛的殖利率曲線,通常對應於市場預期未來經濟衰退的機率升高。在此預期心理下,投資人會認為未來長期殖利率將走低,因此會布局長期債券;同時,在經濟低迷時期,尋求安全投資的投資者傾向於購買存續期間較長的債券而不是短期債券,因而推高較長期債券的價格,也就是壓低長期債券之殖利率。

倒掛的殖利率曲線很少見,但殖利率曲線倒掛是經濟可能衰退的示警。然而,以美國為例,當長短期債券殖利率開始出現倒掛至實際發生衰退,期間可能長達 1.5 ～ 2 年,若完全放棄風險性資產投資也非明智

負斜率殖利率曲線

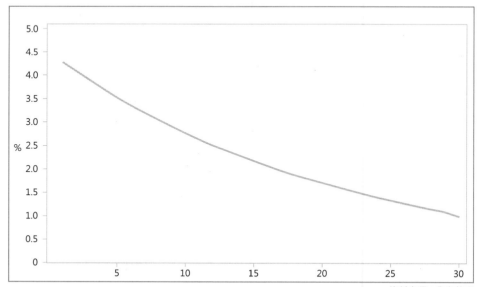

資料來源:作者整理

之舉，建議債券投資人除長期政府公債外，也可以考慮布局信評等級較高、財務體質優良的投資等級公司債。

　　一般討論殖利率曲線倒掛，會使用長短期殖利率利差來做分析判斷。學術研究上傾向於觀察 10 年期美國公債和 3 個月期國庫券殖利率之間的利差；多數市場參與者習慣比較 10 年期和 2 年期債券之間的差距。

　　不過，美國聯準會主席鮑威爾在 2022 年 3 月曾公開表示，他傾向觀察 18 個月後 3 個月期國庫券殖利率水平與今天 3 個月期國庫券殖利率的差距（near term forward spread）來衡量衰退風險。

10 年期與 2 年期美債殖利率利差走勢

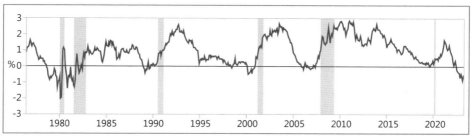

資料來源：FRED,1976.06.01~2023.04.03 日資料

10 年期美債與 3 個月國庫券殖利率利差走勢

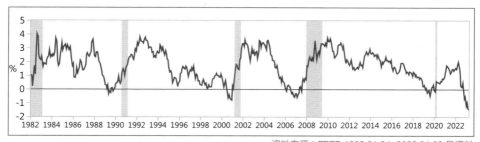

資料來源：FRED,1982.01.04~2023.04.03 日資料

依過去歷史資料可以看出利差倒掛後的一段時間，出現經濟衰退的機率的確不小，然而，美國公債殖利率曲線倒掛與經濟衰退兩者之間雖具有高度的相關性，但並不能因此直言兩者間有絕對的因果關係。同時，使用哪個長短期利差數據也因人而異，建議大家可以將利差倒掛當做一個參考指標，並搭配其他經濟數據做為投資依據調整的判斷。

　　安柏姐想強調的是，總體經濟學之於投資，重點不在預測 100％ 準確，而是勝率。我們必須建構自己的投資邏輯與框架，持續不斷確認自己判斷的條件是否改變，並對自己的投資部位做適當適時的調整，才是拉高投資勝率的有效方法。

平坦的殖利率曲線／駝峰型殖利率曲線

　　平坦的殖利率曲線意味著所有期限的債券殖利率趨於一致，有時候一些中間期限的殖利率可能略高，亦即平坦的曲線出現輕微的駝峰。這種類型的殖利率曲線趨平的情況，通常出現在正常殖利率曲線和倒掛殖利率曲線之間變化的過渡期間。

　　當短期和長期債券提供相同的殖利率時，持有長期債券通常沒有什麼好處；投資者不會因持有長期證券的相關風險而獲得超額補償。如果殖利率曲線斜率趨於平緩，表示長期和短期債券的殖利率差正在縮小。

　　接著我們進一步探討，導致殖利率曲線產生變化的原因，以增進對殖利率曲線隱含投資意義的掌握度。

平坦的殖利率曲線

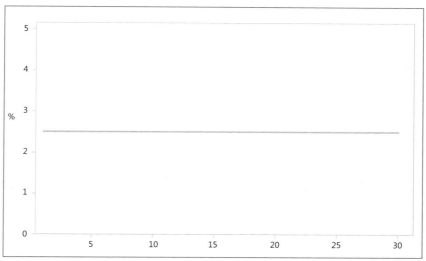

資料來源：作者整理

駝峰型殖利率曲線

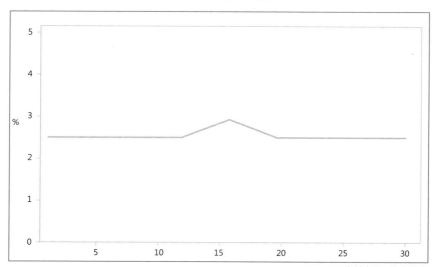

資料來源：作者整理

殖利率曲線變化

多數情況下，殖利率曲線是從左到右向上傾斜的正斜率，其中短期債券的殖利率低於長期債券。短期殖利率曲線主要受到對美國聯準會貨幣政策變化預期的影響，當市場投資人預期美國聯準會升息時，短期殖利率會上升，當預期聯準會將會降息時，短期殖利率會下降。殖利率曲線的長端殖利率（也就是長期殖利率）通常受到通貨膨脹前景、投資者需求和經濟增長等因素的影響而變動，當通膨上升且經濟前景看好，長期債券殖利率將上揚，反之則反。

當短期或長期債券殖利率發生變化時，殖利率曲線斜率會隨著長短期殖利率變化方向與幅度而變得平坦或陡峭。當殖利率曲線趨於平坦時的，代表長期殖利率和短期殖利率之間的利差正在縮小。亦即：(1) 當短期殖利率上升幅度大於長期殖利率；(2) 當長期殖利率下滑幅度大於短期殖利率時，就會呈現平坦的情況。反之，當長期與短期殖利率的利差擴大時，則殖利率曲線將變得陡峭，可能因為 (1) 當短期殖利率上升幅度小於長期殖利率；(2) 當長期殖利率下滑幅度小於短期殖利率。

當然，有時候我們也可能看到短期殖利率曲線下滑，但長期債券利率曲線上升（殖利率曲線趨於陡峭），或是短期殖利率上升，長期殖利率下滑（殖利率曲線趨於平坦），如同 2022 年第四季至 2023 年第一季時美債殖利率曲線的變化，這是由於通膨持續維持於高檔，聯準會升息態度強硬（短期殖利率上升），令市場擔憂美國經濟將陷入衰退（長期殖利率下降）所致。其實，只要了解影響長短期殖利率變動的原因，便能夠大致掌握殖利率曲線變動。

不過為了方便說明，安柏姐將情境簡化，讓大家了解基本殖利率曲線變化的狀態。

隨著殖利率曲線的上下移動，可分為空頭走勢以及多頭走勢，因為殖利率與債券價格呈反向關係。因此殖利率向上、價格下跌，這是空頭，殖利率曲線上移就是空頭走勢，反之就是多頭走勢。而隨著長短期殖利率變化的幅度，殖利率曲線又可分為變陡與走平。因此，在殖利率曲線變化上，就可以簡單分成：Bear steepener（空頭變陡）、Bear flattener（空頭走平）、Bull steepener（多頭變陡）、Bull flattener（多頭走平），說明如下：

殖利率曲線變化

		上移	下移
斜率	走平	Bear flattener（空頭走平）	Bull flattener（多頭走平）
	變陡	Bear steepener（空頭變陡）	Bull steepener（多頭變陡）

資料來源：作者整理

Bear steepener（空頭變陡）：

長期債券殖利率上升幅度大於短期債券殖利率上升幅度，會讓整條殖利率曲線變得陡峭。這種殖利率曲線型態，通常出現在經濟衰退後的商業周期初期、中央銀行（例如美國聯準會）已連續降息，並暗示將維持低利率一段時間以支持經濟復甦。寬鬆的貨幣政策創造了通貨再膨脹的背景，在未來經濟活動和通膨前景改善的情況下，推高了長期債券殖利率。

一般認為這種情況有利於大多數股票，尤其是周期性產業。在債券殖利率空頭走峭期間，原物料類股、工業類股和非必需消費品類股通常報酬較佳，依賴短期借貸和長期借貸的銀行等金融機構，在利差擴大的情況下，往往也表現良好。（請留意是通常會較好，而不是一定較好）

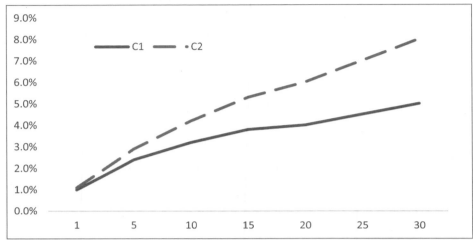

資料來源：作者整理

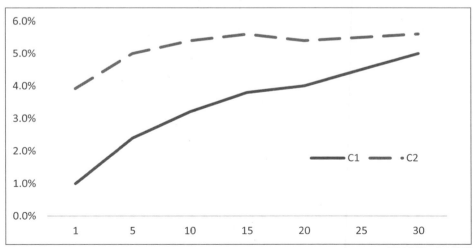

資料來源：作者整理

債券操作則可以：(1) 考慮做多（買入）短期債券和做空（賣出）長期債券。(2) 縮短投資組合的存續期間，以降低利率風險。

Bear flattener（空頭走平）：

　　短期債券殖利率上升幅度大於長期債券殖利率上升幅度，殖利率曲線因而變得平坦。這種型態的殖利率曲線，通常出現在經濟擴張階段、通膨壓力明顯大增、在聯準會提高聯邦基金利率以控制通膨壓力之前。殖利率曲線前端主要受到市場投資人對於中央銀行貨幣政策的預期影響，因此短期債殖利率會先反映。此時，市場的波動率有時可能會很高，但在經濟擴張、企業獲利狀況良好的情況下，中長期而言，可以考慮逐步介入風險性資產。

Bull steepener（多頭變陡）：

　　短期債券殖利率下跌速度快於長期債券殖利率，導致曲線變陡。這種形態通常出現在經濟前景高度不確定、中央銀行正在下調短期利率以刺激經濟，亦即啟動降息循環的初期。此時，投資者對經濟的預期由不確定轉為樂觀，並在短期內看好股市價格。在債券投資方面，若預期未來利率曲線將走多頭變陡，短期內一般會做多短期債券；但考量到未來經濟前景的高度不確定性，長期債券殖利率有很高的可能性會走低，殖利率曲線變化可能呈現多頭陡峭→多頭走平，因此在投資部位上多數會採長短天期同步做多，或是直接拉長投資組合的存續期間。

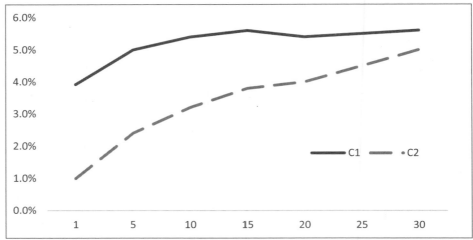

Bull steepener（多頭變陡）

資料來源：作者整理

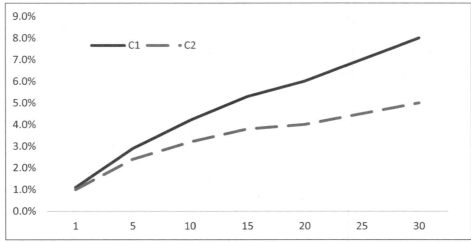

Bull flattener（多頭走平）

資料來源：作者整理

Bull flattener（多頭走平）：

　　長期殖利率比短期殖利率下降得更快，令殖利率曲線變平。在長期通貨膨脹預期下降和經濟增長前景惡化的情況下，長期債券殖利率下降幅度大於短期殖利率下降的幅度，助長了利差縮小，這主要是由市場力量推動的。出現這種情況往往預示著金融市場的動盪，投資人開始對可能的經濟衰退和通貨膨脹下滑進行重新定價。

　　若殖利率曲線呈現或預期即將多頭走平時，股票投資人應留意現金部位的控管，並側重防禦性類股。一般而言，對經濟敏感行業的企業表現會較為疲弱，必需品和公用事業類股票將可能較為穩定。債券投資人通常會拉長投資組合的存續期間，並且降低投資組合的信用風險，側重在公債及較高品質的信用債券上。

　　由於殖利率曲線會隨著經濟情勢變化與市場參與的預期心理而改變，若能掌握殖利率曲線變化，對於投資配置決定有關鍵性的助益，希望大家能花時間了解，並適時應用在投資決策上。

【咪咪老師隨堂考解答】

投資的第一課

1、165.33%。

2、20.87%（＝ 32,071／26,533-1）。

3、不一定，投資應該要看年化報酬率。因為平均報酬率可能受單一年度的極端值影響。

投資的第二課

1、下降。因此投資的目的之一，是希望保持我們的實質購買力。

2、如果以實質購買力角度分析，以上情境對一個保守的投資人而言，是個划算的投資。

3、下跌。因為債券的價格和債券的殖利率呈反向關係。

4、公開市場操作。殖利率下滑、債券價格上漲。

投資的第三課

1、二階段分期認為一個景氣循環週期包含一個擴張期及一個收縮期；擴張期指的是景氣谷底到景氣高峰；收縮期指的是景氣高峰到景氣谷底。四階段分期則認為經濟週期分為繁榮期、衰退期、蕭條期與復甦期四個階段。其中繁榮期與蕭條期是兩個主要階段，衰退期與復甦期則為兩個過渡性階段。

2、景氣擴張期。投資高收益債券或新興市場債券的勝率會較高。

3、債券價格與利率呈反向關係，投資要買在相對低點，因此要在利率處於相對高點時買進債券（價格比較便宜）；在利率下跌的過程中，適度獲利了結。公債在景氣好時的殖利率會高於景氣不好時的殖利率。在景氣衰退時，應該是要逐步減少公債的投資部位。

4、景氣不好時，高收益債券的殖利率比較高，所以應該要慢慢增加高收益債的投資部位，建議一般投資人投資 ETF 或共同基金來分散信用風險，若是要投資單一公司發行的債券，請一定要做好該公司的信用分析。

5、這個基金的表現比指標好，屬於績效好的基金。

投資的第四課

1、單利計算。

2、複利計算。

3、新台幣 300 萬元。

4、要。要留意定存利率有沒有高於通貨膨脹率，確保實質購買力可以維持。

5、固定利率。

6、a）類全委保單並不等於定存，兩者的投資風險大不相同。b）不一定，要深入了解這張保單的內容再做決定。

投資的第五課

1、模擬答案（1）保證獲利非常吸引人；（2）AI 具投資話題性；（3）製造專業形象；（4）選擇熱門且獲利表現豐厚的市場：（5）名人效應，製造正派形象；（6）沒有真正去了解投資的公司。

2、（參考答案）長期投資不一定會賺錢，重點在對於投資的標的是否深入了解、清楚知道買進和賣出的理由、是否建立一套自己操作判斷的方法、是否懂得總體經濟的趨勢……。

3、（B），（D）

投資的第六課

1、（參考答案）債券是債務人向投資者發行，承諾按一定利率支付利息並按約定條件償還本金的債權債務憑證。可當成可流通交易的借據。

2、（參考答案）對方的信用、收入狀況是否有能力償還要借的金額，若金額太大，也會想了解資金用途及談好利息、償還時間等。

3、Aa1-IG、BBB-IG、Ba1-HY、Baa3-IG、CCC+-HY、BB+-HY、AAA-IG

4、Caa3 < CCC+ < B3 < BB+ ＝ Ba1< Baa3 < BBB <BBB+ ＝ Baa1 < AA-< Aa1 < AAA

5、（C）

6、匯率風險。

7、（A）一定賠錢；（B）不會；（C）BBB- 或 Baa3 以上；（D）還是有信用風險；（E）不是，是信用風險比較小，違約率較低。

投資的第七課

1、（A）殖利率；（B）票面利率

2、（A）50,000 元；（B）102.78；（C）溢價發行。可以用常識判斷，不一定需要計算。

發行公司	幸福企業		發行日期	2020/5/20		發行年期	3
票面利率	5%		到期日期	2023/5/20		下次付息日期	2021/5/20
殖利率(YTM)	4%		付息頻率(次/年)	1		百元值	102.78
交易日期	2020/5/20		交易金額	1,000,000		除息百元值	102.78
交割日期	2020/5/20						

年期	利息	本金	現金流量	折現因子	現值
1	50,000		50,000	1	48,076.92
2	50,000		50,000	2	46,227.81
3	50,000	1,000,000	1,050,000	3	933,446.18
				合計	1,027,750.91
				前手息	0
				除息金額	1,027,750.91

3、（C）。

4、價格變動 = MD × 債券的成本 × 0.01％ ×10bp = 3.78×100×0.01％ ×10 = 0.378 元

報酬率約為 = 0.378 元／ 100 元 = 0.378%

約略報酬率的速算法＝（存續期間／ 10000）× 變動的 bps

例如：存續期間 = 5.2，殖利率反彈 100bps（亦即 1％），則價格大約會下跌 5.2%

5、（A）債券價格與殖利率呈反向關係。殖利率上升，債券的價格會下跌。

（E）存續期間愈短，代表債券價格愈不容易受到市場利率波動影響，代表利率風險較低。

（F）不一定為負相關。

投資的第八課

1、信用風險與流動性風險。此外，與一般債券基金相比較，目標到期債基金的利率風險隨著時間接近到期日而下降。

2、若是一家公司信評等級被降級，它所發行的債券也會被降評級，若原本是投資等級債券，降級後變成高收益債券，市場稱這些債券為 Fallen Angle。

平均信用水準比一般高收益債券指數高。

存續期間比一般高收益債券指數長。

Part 2

1、請列出自己的選擇。

2、（B）

3、（D）

4、新興企業債券指數 > 美國投資等級公司債指數 > 全球投資等級公司債指數 > 歐洲投資級公司債券指數。

5、利率風險最小是新興企業債券指數；利率風險最大的是美國投資等級公司債指數。

6、（C）

7、（D）

Part 3

1、請回想自己決策時的理由，並檢討自己的績效。定期檢視投資理由及檢討績效，是累積投資實力的有效方法。

2、（自行檢討）

3、（自行檢討）

4、（自行檢討）

5、（B）

參考網站與書籍

中央銀行網站 :https://www.cbc.gov.tw

國家發展委員會 :https://www.ndc.gov.tw/Default.asp×

中華民國統計資訊網 :https://www.stat.gov.tw

台灣銀行網站 :https://www.bot.com.tw

中華郵政網站 :https://www.post.gov.tw

合作金庫網站 :https://www.tcb-bank.com.tw

縱橫匯海財金網站 :http://www.mw801.com/home/

美國聯準會網站 :https://www.federalreserve.gov/

紐約聯邦儲備銀行網站 : https://www.newyorkfed.org/

芝加哥聯邦儲備銀行網站 : https://www.chicagofed.org/

Federal Reserve Bank of St. Louis 網站 :https://research.stlouisfed.org/

FRED 網站 :https://fred.stlouisfed.org/

StockQ.org 網站 :http://www.stockq.org/

MBA 智庫百科網站 :https://wiki.mbalib.com/zh-tw/

鉅亨網 https://www.cnyes.com/

MSCI 網站 :www.msci.com

Investopedia 網站 :https://www.investopedia.com

Yiled Book 網站 :https://www.yieldbook.com

sifma 網站 : https://www.sifma.org

Bloomberg 網站 :https://www.bloomberg.com

stock-ai 網站 : https://stock-ai.com/mT-20.php

維基百科網站 : https://zh.wikipedia.org

Moody's 網站 : https://www.moodys.com/

S&P Global 網站 : https://www.spglobal.com/marketintelligence/en/

Portfolio Visualizer 網站 : www.portfoliovisualizer.com/fund-performance#analysisResults

貝萊德網站 : https://www.blackrock.com/corporate/global-directory

VanEck 網站 :https://www.vaneck.com/etf/income/angl/overview/

IMF 網站 :https://www.imf.org/external/index.htm

JPMorgan 可供投資指數網站 :https://jpmorganindices.com/indices/summary/JCRECVSG

OECD 網站 :www.oecd.org

美國公債殖利率曲線 :https://www.ustreasuryyieldcurve.com/

財經 M 平方網站 :https://www.macromicro.me/

ASX.com :https://www2.asx.com.au

財富的秘密，Adam J. Jackson 著

投資前的第 1 堂金融課，沈中華著

經濟指標教你加減碼——景氣榮枯都獲利的聰明投資術，Geore Dagnino 著

景氣為什麼會循環——歷史、理論與投資實務，Lars Tvede 著

經濟指標告訴你 & 沒告訴你的事，izaax 著

別當正常的傻瓜，奚愷元著

經濟會說話，David M. Blitzer 著

投資最重要的事，Howard Marks 著

散戶流流記——一個門外漢的理財學習之旅，John Rothchild 著

錢與閒——10 件事，實踐人生，享受財富，Michael Leboeuf 著

台灣廣廈 國際出版集團
Taiwan Mansion International Group

國家圖書館出版品預行編目（CIP）資料

買債券，增加財富變簡單：可以賺得比股票多，
風險卻更少的投資工具 / 安柏姐著.
-- 初版. -- 新北市：財經傳訊, 2023.06
面；　公分
ISBN 978-626-7197-25-7（平裝）

1.CST:債券投資　2.CST:投資分析

563.53　　　　　　　　　　　　　　112007740

財經傳訊
TIME & MONEY

買債券，增加財富變簡單：
可以賺得比股票多，風險卻更少的投資工具

作　　　者／安柏姐	編輯中心／第五編輯室
	編 輯 長／方宗廉
	封面設計／16設計有限公司　內頁排版／菩薩蠻數位文化有限公司
	製版‧印刷‧裝訂／東豪‧弼聖‧紘億‧秉成

行企研發中心總監／陳冠蒨	線上學習中心總監／陳冠蒨
媒體公關組／陳柔玎	數位營運組／顏佑婷
綜合業務組／何欣穎	企製開發組／江季珊

發 行 人／江媛珍
法 律 顧 問／第一國際法律事務所 余淑杏律師‧北辰著作權事務所 蕭雄淋律師
出　　　版／台灣廣廈有聲圖書有限公司
　　　　　　地址：新北市235中和區中山路二段359巷7號2樓
　　　　　　電話：（886）2-2225-5777‧傳真：（886）2-2225-8052

代理印務‧全球總經銷／知遠文化事業有限公司
　　　　　　地址：新北市222深坑區北深路三段155巷25號5樓
　　　　　　電話：（886）2-2664-8800‧傳真：（886）2-2664-8801

郵 政 劃 撥／劃撥帳號：18836722
　　　　　　劃撥戶名：知遠文化事業有限公司（※單次購書金額未達1000元，請另付70元郵資。）

■出版日期：2023年6月
ISBN：978-626-7197-25-7